D1723712

Alan Dangerfield

Bernhard Lampert

International
Accounting
Standards

Der Überblick

VERLAG:SKV

Alan Dangerfield   1946, M.A. Cambridge, A.C.M.A. Management Accountant (GB), bearbeitet das Spezialgebiet «Accounting Guidelines» bei Roche in Basel und wirkte 1990 dort bei der Einführung von International Accounting Standards mit. Er ist Mitglied des IASC-Steering Committee für Finanzinstrumente.

Bernhard Lampert   1966, dipl. Wirtschaftsprüfer, Mitglied der Geschäftsleitung und Partner der Coopers & Lybrand AG, Vaduz. Vorher mehrere Jahre in Basel, in New York und in Zürich tätig. Mitglied des Vorstandes der Liechtensteinischen Wirtschaftsprüfervereinigung.

1. Auflage 1997   ISBN 3-286-51141-2

© Verlag SKV
   Verlag des Schweizerischen Kaufmännischen Verbandes, Zürich

Alle Rechte vorbehalten.
Ohne Genehmigung des Verlages ist es nicht gestattet, das Buch oder Teile daraus in irgendeiner Weise zu reproduzieren.

Im ganzen Fachbuch wurde die Neuregelung der deutschen Rechtschreibung berücksichtigt.

Lektorat: Corinne Rudolphi
Gestaltung: Peter Heim
Umschlag: Brandl & Schärer AG

Vorwort

Eine der markantesten Entwicklungen für die Schweizer Wirtschaft in den letzten zehn Jahren ist ohne Zweifel die Anpassung der finanziellen Berichterstattung der grösseren Schweizer multinationalen Konzerne an die internationale Rechnungslegung. Vor wenigen Jahren hatten sie allgemein den Ruf, die Investoren mit spärlichen, undurchsichtigen, sozusagen praktisch unbrauchbaren Informationen abzuspeisen. Innert kürzester Zeit konnten aber die meisten ihre Berichterstattung so erheblich verbessern, dass sie jetzt mit den angesehensten «Multis» aus aller Welt durchaus Schritt halten können. Die Einführung der «International Accounting Standards IAS» (= internationale Rechnungslegungsrichtlinien) stellte einen Schlüsselfaktor in diesem Quantensprung dar. Obschon die IAS-Richtlinien für grosse Teile der Schweizer Wirtschaft wichtig geworden sind, bestehen jedoch zurzeit in deutscher Sprache nur wenige Informationen darüber, sonst müssen sich Interessenten mit dem Originaltext auseinander setzen.

Ziel dieses Buches ist es, dem allgemein Interessierten einen Überblick in deutscher Sprache über die wichtigsten Eigenschaften und Bestimmungen der IAS sowie deren Relevanz für die Schweizer Wirtschaft zu verschaffen. Es befasst sich vor allem mit den für Schweizer Leser und Leserinnen interessantesten IAS-Bestimmungen zur Erfassung und Bewertung, also mit der Frage, wann und zu welchem Wert ein Tatbestand im Abschluss berücksichtigt wird. Offenlegungsbestimmungen – d. h. was explizit im Abschluss auszuweisen ist – werden hingegen nur gestreift, da ihre Anwendung wenig Erklärungen bedarf. Zudem werden sie in den von Wirtschaftsprüfungsgesellschaften herausgegebenen Checklisten behandelt. Dieses Buch enthält einfache Zahlenbeispiele sowie Abschnitte aus Jahresberichten von Schweizer «Multis», die IAS-Richtlinien anwenden. Als Interessenten für dieses Buch können wir uns folgende Personenkreise vorstellen:

– Fachleute, die sich mit dem Erstellen von IAS-Konzernabschlüssen beschäftigen oder sich schnell eine allgemeine Einsicht in die wichtigsten Aspekte von IAS verschaffen wollen, ohne dabei den englischen Originaltext genau studieren zu wollen;
– Studierende, die sich auf das eidg. Buchhalter/Controller- resp. Bücherexperte-Diplom oder auf Prüfungen in der Betriebswirtschaftslehre vorbereiten, wo heutzutage oftmals allgemeine Kenntnisse über IAS vorausgesetzt werden;
– Praktiker und Praktikerinnen, z. B. leitende Personen von Finanzabteilungen, Revisoren, Geschäftsleute, Bankiers und Finanzanalysten, die sich Kenntnisse über IAS aneignen

möchten, um deren Relevanz und Bedeutung für ihre Arbeit verstehen zu können, ohne jedoch in die Tiefen des Originaltextes eintauchen zu müssen.

Dieses Buch ist kein Elementarbuch: es setzt Grundkenntnisse der Buchhaltung voraus. Wir versuchen trotzdem, die wesentlichsten Grundzüge der IAS auch Interessierten ohne tiefgehende Fachkenntnisse verständlich zu machen. Es ist jedoch nicht möglich, aus diesem Überblick **alles** zu erfahren, was für die praktische Anwendung der IAS notwendig ist. Derjenige, der IAS in der Praxis umzusetzen hat, muss ganz genau den Originaltext – mit all seinen Komplexitäten – konsultieren.
Die Kommentare zu den Trends in den IAS reflektieren die persönlichen Meinungen der Verfasser.

Sommer 1997   A. Dangerfield/B. Lampert

Inhaltsverzeichnis

IAS – der allgemeine Hintergrund   9

1. Einführung   9

**2. Entstehung der IAS und die Bedeutung
für die Schweizer Wirtschaft**   22

3. Der konzeptuelle Rahmen der IAS   25

Die Standards im Einzelnen   29

1. Einführung   29

**2. Standards zur Erfassung und Bewertung
(Bilanz und Erfolgsrechnung)**   30

Sachanlagen IAS 16, 17, 23   30

Immaterielle Güter IAS 4, 9, 22   36

Warenlager IAS 2   38

Langfristige Fertigungsaufträge IAS 11   41

Finanzanlagen IAS 25   43

Ertragssteuern IAS 12   47

Pensionsverpflichtungen IAS 19   51

Aufwendungen und Erträge IAS 8, 10, 18   55

Fremdwährungsumrechnung IAS 21, 29   60

Konzernrechnung IAS 27   65

Assoziierte Gesellschaften IAS 28 69

Gemeinschaftsunternehmen IAS 31 74

Übernahmen und Fusionen IAS 22 79

3. Standard zur Geldflussrechnung 87

Geldflussrechnung IAS 7 87

4. Standards zur Offenlegung 97

Offenlegung der Rechnungslegungsgrundsätze IAS 1 97

Zusatzinformationen IAS 5 98

Darstellung von kurzfristigen Aktiven und Passiven IAS 13 99

Darstellung von Segmentinformationen IAS 14 99

Nahe stehende Personen und Gesellschaften IAS 24 100

Rechnungslegung von Banken und ähnlichen Finanzinstituten IAS 30 101

Finanzinstrumente: Offenlegung und Darstellung IAS 32 102

US-Vergleich und Zukunftsperspektiven 105

1. Einführung 105

2. Vergleich IAS gegenüber amerikanischen Standards (US-GAAP) 106

3. Zukunftsperspektiven der IAS 109

Anhang

Liste der definitiven Internationalen Accounting Standards (IAS) 115

Literaturverzeichnis 116

Stichwortverzeichnis 117

IAS – der allgemeine Hintergrund

1. Einführung

Die überwiegende Mehrheit der schweizerischen multinationalen Konzerne ist in den letzten Jahren dazu übergegangen, ihre veröffentlichten Konzernrechnungen gemäss «International Accounting Standards» (IAS, d. h. internationale Rechnungslegungsrichtlinien) zu erstellen. Was sind diese IAS, und welche Vorteile bringen sie den schweizerischen Konzernen?

International Accounting Chaos!

Historisch gesehen sind die Regeln und Vorschriften der Rechnungslegung, d. h. zur finanziellen Berichterstattung, auf nationaler Ebene entstanden. Manchmal durch das Gesetz (z. B. Schweizer Aktienrecht und dessen Rechnungslegungsbestimmungen), manchmal «privat» wie z. B. die Regeln des «Financial Accounting Standards Board» (FASB) in den USA. Das hat dazu geführt, dass die unabhängig voneinander entwickelten Regeln von Land zu Land stark voneinander abweichen können. In einem Zeitalter der Globalisierung der Kapitalmärkte und -anlagen entstehen aus dieser Differenzierung jedoch nur Verwirrung und höhere Kapitalbeschaffungskosten.

Ein bekanntes Beispiel der letzten Jahre bildet die Konzernrechnung von Daimler-Benz 1993. Diese wies einen, nach deutschen Rechnungslegungsrichtlinien ermittelten Reingewinn von DM 615 Mio. aus. Da sich der Konzern aus finanzpolitischen Gründen an den amerikanischen Börsen kotieren lassen wollte, musste er auch eine zusätzliche Rechnung gemäss amerikanischen Richtlinien erstellen, um den Anforderungen der US-Börsenbehörden zu genügen. Diese Rechnung wies einen konsolidierten Rein*verlust* von DM 1839 Mio. aus! Beide Rechnungen zeigten gemäss den angewendeten Rechnungslegungsrichtlinien «ein den tatsächlichen Verhältnissen entsprechendes Bild der Ertragslage» des Konzerns, d. h. wie die Ertragslage in Tat und Wahrheit ist («true and fair view»). Die Differenz lag hauptsächlich an der erfolgswirksamen Auflösung von stillen Reserven in der nach deutschem Handelsgesetz erstellten Erfolgsrechnung. Die US-GAAP («generally accepted accounting principles»), die in den USA allgemein anerkannten Rechnungslegungsgrundsätze, erlauben hingegen keine Bildung von stillen Reserven, ausser Zwangsreserven. Es ist zu betonen, dass beide ausgewiesenen Erfolge – je nach Regelwerk – korrekt waren.

Ein weiteres typisches Beispiel bietet die Konzernrechnung 1996 vom Pharma-Konzern SmithKline Beecham. Diese wies ein konsolidiertes Eigenkapital von £ 1,4 Mia. gemäss englischen Regeln aus. In der für amerikanische Anleger erstellten Nebenrechnung nach US-GAAP betrug das Nettovermögen hingegen £ 4,7 Mia. – vor allem wegen der unterschiedlichen Behandlung des Zusammenschlusses von Beecham und SmithKline.

Von Land zu Land unterschiedliche Rechnungslegungsrichtlinien erschweren erheblich die immer wichtiger werdenden grenzüberschreitenden Kapitalmarkttransaktionen. Der Anleger will die Rechnung der ausländischen Gesellschaft, für die er sich als potentielles Anlageobjekt interessiert, auf vergleichbarer Basis mit lokalen Anlagen studieren können. Sonst wird er verunsichert und zweifelt die Glaubwürdigkeit der Rechnung an – zumindest die Vergleichbarkeit mit nach lokalen Regeln erstellten Jahresrechnungen – und, als Folge, verlangt er eine dementsprechend höhere Risikoprämie für seine angelegten Mittel. Das verteuert natürlich das Kapital, das die ausländische Gesellschaft von ihm aufnimmt. Oder die Gesellschaft muss den Zusatzaufwand auf sich nehmen und eine zweite Rechnung nach den Vorschriften des ausländischen Kapitalmarktes erstellen, damit der ausländische Anleger zufrieden ist. In einigen Ländern spielen auch die Börsenbehörden eine entscheidende Rolle, indem sie die Rechnungslegungsrichtlinien festlegen, gemäss denen kotierte ausländische Gesellschaften den Anlegern finanzielle Informationen unterbreiten müssen.

Aus dem Chaos die Ordnung – Die International Accounting Standards (IAS)

Das «International Accounting Standards Committee» (IASC) wurde 1973 gegründet, um eine Harmonisierung in diesem internationalen Wirrwarr an buchhalterischen Regelwerken anzustreben. Mitglieder sind über 100 Berufsverbände von Wirtschaftsprüfern aus mehr als 80 Ländern (inklusive die Treuhand-Kammer der Schweiz). Die Ziele des Committees sind

– Rechnungslegungsrichtlinien («standards») zu erarbeiten und zu veröffentlichen und deren weltweite Beachtung zu fördern,
– im Allgemeinen die Verbesserung und Harmonisierung von Rechnungslegungsrichtlinien zu erreichen.

Da die Richtlinien (IAS), die das IASC veröffentlicht, normalerweise keine lokale Rechtskraft haben, wird das zweite Ziel erreicht, indem sich die Mitgliederverbände dafür einsetzen, dass die IAS in die Rechnungslegungsvorschriften ihrer einzelnen Länder übernommen werden. Der Einfluss der IAS auf die Rechnungslegung vom Unternehmen ist deshalb üblicherweise eher indirekt, d. h. dass die nationalen Rechnungslegungsvorschriften, die das Unternehmen befolgen muss, an IAS angepasst werden.

International Accounting Standards – wie sehen sie aus?

Jedes Jahr gibt das IASC einen Band heraus, der unter anderem die gültigen IAS enthält. Im Band «International Accounting Standards 1997» nehmen 31 Standards ungefähr 580 Seiten in Anspruch. Die ersten zehn beanspruchen im Durchschnitt 15 Seiten, die nächsten zehn 19 Seiten und die letzten elf Standards 20 Seiten, was auf die zunehmende Komplexität der letzten Standards hindeutet. Im Anhang (S. 115) befindet sich eine vollständige Liste der IAS, die Ende Juni 1997 in Kraft waren.
Die amerikanischen Standards (US-GAAP) zum Vergleich umfassen zwei dicke Bände mit ungefähr 3000 Seiten kleingedrucktem, schwer verständlichem Text. Im Gegensatz dazu sind die IAS viel kürzer und im Grossen und Ganzen in einem relativ gut verständlichen Englisch verfasst.
Visuell fällt auf, dass die Grundsatzregeln («das Gesetz») in den Standards im Gegensatz zu den dazugehörenden Erläuterungen hervorgehoben sind. Für die Anwendung sind denn auch diese Passagen wichtiger, wobei sie immer in Verbindung mit den Erläuterungen zu verstehen sind («. . . read in the context of . . .»). Die Erläuterungen sind dadurch eher ergänzend als «rechtskräftig».
Viele IAS sehen mehr als eine Möglichkeit für die Behandlung eines gewissen Tatbestandes vor. Beispielsweise lässt IAS 16 «Sachanlagen» die Bewertung von Sachanlagen entweder zum Anschaffungswert oder zum Tageswert zu. In solchen Fällen wird die eine Methode als «benchmark» – bevorzugte Methode – hervorgehoben, die andere(n) als «allowed alternative» – erlaubte alternative Methode(n) – bezeichnet. Ein weiteres Beispiel ist IAS 2 «Warenlager». Darin ist die Bewertung von Warenlagern gemäss der FIFO- und gewogenen Durchschnittskostenmethode der Kostenrechnung als «benchmark» (bevorzugt), die Anwendung der LIFO-Methode dagegen als «allowed alternative» (erlaubte alternative Methode) aufgeführt.

Die einzelnen Standards weisen alle eine ziemlich einheitliche **Struktur** auf:

- **Titelbezeichnung**
- Die **Wesentlichkeitsklausel.** Diese besagt, dass es nicht die Absicht des Regelwerkes ist, IAS bei unwesentlichen Tatbeständen anzuwenden. Falls ein Standard in einem gewissen Fall nicht angewendet wird, gefährdet dies deshalb die allgemeine Konformität der Rechnungen mit IAS nicht, solang es zu keiner wesentlichen Verzerrung führt.
- Erläuterung des **Ziels** («objective») des Standards
- Beschreibung des **Gültigkeitsbereichs** («scope»). Sie definiert, welche Geschäftsfälle und Tatbestände durch den Standard abgedeckt sind, und welche nicht.

- **Definition** der wichtigen, im Standard angewandten **Fachausdrücke** («definitions».)

- Beschreibung der «benchmark», der **bevorzugten Methode,** zuerst betreffend der Regeln zur Erfassung und Bewertung, dann der Offenlegungsbestimmungen.

- Beschreibung der «allowed alternative», der **erlaubten alternativen Methode.**

- Allfällige **Übergangsbestimmungen** sowie das **Datum,** ab wann der Standard in Kraft tritt.

- Gegebenenfalls **Beispiele**

Als Beispiel folgt der Originaltext des IAS 23 «Fremdkapitalzinsen» am Schluss dieses Kapitels.

Wer International Accounting Standards (IAS) mit US-GAAP vergleicht, merkt sofort, dass sie eher prinzipiell konzipiert sind. Als Folge davon lassen sie in vielen Fällen etwas mehr Spielraum für Interpretationen und «gesunden Menschenverstand» als die amerikanischen «rezeptartigen» Richtlinien mit ihren genau definierten Regeln. Diese Freiheit erweist sich für den Praktiker eher als Vorteil, für viele behördliche Instanzen stellt dies hingegen eine Schwäche der IAS dar.

Herausgabe der Internationalen Accounting Standards

IAS erscheinen im Originaltext auf Englisch. Das IASC gibt jedes Jahr einen Band mit den gültigen Standards heraus. Näheres darüber sowie über das «Jahresabonnement» vom IASC, das auch die Informationsblätter «IASC Insight» und «IASC Update» wie auch alle IAS-Entwürfe und Diskussionspapiere abdeckt, können Sie direkt vom IASC erfahren:

International Accounting Standards Committee
166 Fleet Street
London EC4A 2DY
England

Telefon: 0044-171-353-0565
Telefax: 0044-171-353-0562
E-mail: iasc@iasc.org.uk
Internet: http://www.iasc.org.uk

Die Übersetzung der IAS ins Deutsche, die anfänglich vom Institut der deutschen Wirtschaftsprüfer unternommen wurde, ist vor mehreren Jahren eingestellt worden. Seither bestehen auf Deutsch praktisch nur Kurzbeschreibungen für Fachleute, die von Revisionsgesellschaften herausgegeben werden. Vollständige Übersetzungen gab es bis vor kurzem keine mehr. Im Herbst 1997 wird jedoch eine neue Übersetzung beim Schäffer-Poeschel Verlag, Stuttgart, erscheinen.

Titelbezeichnung

International Accounting Standard IAS 23
(revised 1993)

Borrowing Costs

Wesentlichkeits-
klausel

The standards, which have been set in bold italic type, should be read in the context of the background material and implementation guidance in this Standard, and in the context of the Preface to International Accounting Standards. International Accounting Standards are not intended to apply to immaterial items (see paragraph 12 of the Preface).

Ziel

Objective

The objective of this Standard is to prescribe the accounting treatment for borrowing costs. This Standard generally requires the immediate expensing of borrowing costs. However, the Standard permits, as an allowed alternative treatment, the capitalisation of borrowing costs that are directly attributable to the acquisition, construction or production of a qualifying asset.

Gültigkeitsbereich

Scope

1. ***This Standard should be applied in accounting for borrowing costs.***

2. This Standard supersedes International Accounting Standard IAS 23, Capitalisation of Borrowing Costs, approved in 1983.

3. This Standard does not deal with the actual or imputed cost of equity, including preferred capital not classified as a liability.

IAS 23 (revised 1993)

Definitions

4. *The following terms are used in this Standard with the meanings specified:*

    Borrowing costs are interest and other costs incurred by an enterprise in connection with the borrowing of funds.

    A qualifying asset is an asset that necessarily takes a substantial period of time to get ready for its intended use or sale.

5. Borrowing costs may include:

    (a) interest on bank overdrafts and short-term and long-term borrowings;

    (b) amortisation of discounts or premiums relating to borrowings;

    (c) amortisation of ancillary costs incurred in connection with the arrangement of borrowings;

    (d) finance charges in respect of finance leases recognised in accordance with International Accounting Standard IAS 17, Accounting for Leases; and

    (e) exchange differences arising from foreign currency borrowings to the extent that they are regarded as an adjustment to interest costs.

6. Examples of qualifying assets are inventories that require a substantial period of time to bring them to a saleable condition, manufacturing plants, power generation facilities and investment properties. Other investments, and those inventories that are routinely manufactured or otherwise produced in large quantities on a repetitive basis over a short period of time, are not qualifying assets. Assets that are ready for their intended use or sale when acquired also are not qualifying assets.

416

14

Borrowing Costs - Benchmark Treatment

Recognition

7. *Borrowing costs should be recognised as an expense in the period in which they are incurred.*

8. Under the benchmark treatment borrowing costs are recognised as an expense in the period in which they are incurred regardless of how the borrowings are applied.

Disclosure

9. *The financial statements should disclose the accounting policy adopted for borrowing costs.*

417

15

IAS 23 (revised 1993)

Borrowing Costs - Allowed Alternative Treatment

Recognition

10. Borrowing costs should be recognised as an expense in the period in which they are incurred, except to the extent that they are capitalised in accordance with paragraph 11.

11. Borrowing costs that are directly attributable to the acquisition, construction or production of a qualifying asset should be capitalised as part of the cost of that asset. The amount of borrowing costs eligible for capitalisation should be determined in accordance with this Standard.

12. Under the allowed alternative treatment, borrowing costs that are directly attributable to the acquisition, construction or production of an asset are included in the cost of that asset. Such borrowing costs are capitalised as part of the cost of the asset when it is probable that they will result in future economic benefits to the enterprise and the costs can be measured reliably. Other borrowing costs are recognised as an expense in the period in which they are incurred.

Borrowing Costs Eligible for Capitalisation

13. The borrowing costs that are directly attributable to the acquisition, construction or production of a qualifying asset are those borrowing costs that would have been avoided if the expenditure on the qualifying asset had not been made. When an enterprise borrows funds specifically for the purpose of obtaining a particular qualifying asset, the borrowing costs that directly relate to that qualifying asset can be readily identified.

14. It may be difficult to identify a direct relationship between particular borrowings and a qualifying asset and to determine the borrowings that could otherwise have been avoided. Such a difficulty occurs, for example, when the financing activity of an enterprise is co-ordinated centrally. Difficulties also arise when a group uses a range of debt instruments to borrow funds at varying rates of interest, and lends those

418

funds on various bases to other enterprises in the group. Other complications arise through the use of loans denominated in or linked to foreign currencies, when the group operates in highly inflationary economies, and from fluctuations in exchange rates. As a result, the determination of the amount of borrowing costs that are directly attributable to the acquisition of a qualifying asset is difficult and the exercise of judgement is required.

15. *To the extent that funds are borrowed specifically for the purpose of obtaining a qualifying asset, the amount of borrowing costs eligible for capitalisation on that asset should be determined as the actual borrowing costs incurred on that borrowing during the period less any investment income on the temporary investment of those borrowings.*

16. The financing arrangements for a qualifying asset may result in an enterprise obtaining borrowed funds and incurring associated borrowing costs before some or all of the funds are used for expenditures on the qualifying asset. In such circumstances, the funds are often temporarily invested pending their expenditure on the qualifying asset. In determining the amount of borrowing costs eligible for capitalisation during a period, any investment income earned on such funds is deducted from the borrowing costs incurred.

17. *To the extent that funds are borrowed generally and used for the purpose of obtaining a qualifying asset, the amount of borrowing costs eligible for capitalisation should be determined by applying a capitalisation rate to the expenditures on that asset. The capitalisation rate should be the weighted average of the borrowing costs applicable to the borrowings of the enterprise that are outstanding during the period, other than borrowings made specifically for the purpose of obtaining a qualifying asset. The amount of borrowing costs capitalised during a period should not exceed the amount of borrowing costs incurred during that period.*

18. In some circumstances, it is appropriate to include all borrowings of the parent and its subsidiaries when computing a weighted average of the borrowing costs; in other circumstances, it is appropriate for each subsidiary to use a weighted average of the borrowing costs applicable to its own borrowings.

IAS 23 (revised 1993)

Excess of the Carrying Amount of the Qualifying Asset over Recoverable Amount

19. When the carrying amount or the expected ultimate cost of the qualifying asset exceeds its recoverable amount or net realisable value, the carrying amount is written down or written off in accordance with the requirements of other International Accounting Standards. In certain circumstances, the amount of the write-down or write-off is written back in accordance with those other International Accounting Standards.

Commencement of Capitalisation

20. *The capitalisation of borrowing costs as part of the cost of a qualifying asset should commence when:*

    (a) *expenditures for the asset are being incurred;*

    (b) *borrowing costs are being incurred; and*

    (c) *activities that are necessary to prepare the asset for its intended use or sale are in progress.*

21. Expenditures on a qualifying asset include only those expenditures that have resulted in payments of cash, transfers of other assets or the assumption of interest-bearing liabilities. Expenditures are reduced by any progress payments received and grants received in connection with the asset (see International Accounting Standard IAS 20, Accounting for Government Grants and Disclosure of Government Assistance). The average carrying amount of the asset during a period, including borrowing costs previously capitalised, is normally a reasonable approximation of the expenditures to which the capitalisation rate is applied in that period.

22. The activities necessary to prepare the asset for its intended use or sale encompass more than the physical construction of the asset. They include technical and administrative work prior to the commencement of physical construction, such as the activities associated with obtaining permits prior to the commencement of the physical construction. However, such activities exclude the holding of an asset when no production or development that changes the asset's condition is taking

420

place. For example, borrowing costs incurred while land is under development are capitalised during the period in which activities related to the development are being undertaken. However, borrowing costs incurred while land acquired for building purposes is held without any associated development activity do not qualify for capitalisation.

Suspension of Capitalisation

23. Capitalisation of borrowing costs should be suspended during extended periods in which active development is interrupted.

24. Borrowing costs may be incurred during an extended period in which the activities necessary to prepare an asset for its intended use or sale are interrupted. Such costs are costs of holding partially completed assets and do not qualify for capitalisation. However, capitalisation of borrowing costs is not normally suspended during a period when substantial technical and administrative work is being carried out. Capitalisation of borrowing costs is also not suspended when a temporary delay is a necessary part of the process of getting an asset ready for its intended use or sale. For example, capitalisation continues during the extended period needed for inventories to mature or the extended period during which high water levels delay construction of a bridge, if such high water levels are common during the construction period in the geographic region involved.

Cessation of Capitalisation

25. Capitalisation of borrowing costs should cease when substantially all the activities necessary to prepare the qualifying asset for its intended use or sale are complete.

26. An asset is normally ready for its intended use or sale when the physical construction of the asset is complete even though routine administrative work might still continue. If minor modifications, such as the decoration of a property to the purchaser's or user's specification, are all that are outstanding, this indicates that substantially all the activities are complete.

27. *When the construction of a qualifying asset is completed in parts and each part is capable of being used while construction continues on other parts, capitalisation of borrowing costs should cease when substantially all the activities necessary to prepare that part for its intended use or sale are completed.*

28. A business park comprising several buildings, each of which can be used individually is an example of a qualifying asset for which each part is capable of being usable while construction continues on other parts. An example of a qualifying asset that needs to be complete before any part can be used is an industrial plant involving several processes which are carried out in sequence at different parts of the plant within the same site, such as a steel mill.

Disclosure

Offenlegung

29. *The financial statements should disclose:*

   (a) *the accounting policy adopted for borrowing costs;*

   (b) *the amount of borrowing costs capitalised during the period; and*

   (c) *the capitalisation rate used to determine the amount of borrowing costs eligible for capitalisation.*

422

All Borrowing Costs

Übergangs-
bestimmungen

Transitional Provisions

30. When the adoption of this Standard constitutes a change in accounting policy, an enterprise is encouraged to adjust its financial statements in accordance with International Accounting Standard IAS 8, Net Profit or Loss for the Period, Fundamental Errors and Changes in Accounting Policies. Alternatively, enterprises following the allowed alternative treatment should capitalise only those borrowing costs incurred after the effective date of the Standard which meet the criteria for capitalisation.

Datum

Effective Date

31. This International Accounting Standard becomes operative for financial statements covering periods beginning on or after 1 January 1995.

IASC COPYRIGHT AND ACKNOWLEDGEMENT:

International Accounting Standards, Exposure Drafts, and other IASC publications are copyright of the International Accounting Standards Committee, 166 Fleet Street, London EC4A 2DY, United Kingdom. Telephone: +44 (171) 353-0565, Fax: +44 (171) 353-0562. All rights reserved. No part of these publications may be translated, reprinted or reproduced or utilised in any form either in whole or in part or by any electronic, mechanical or other means, now known or hereafter invented, including photocopying and recording, or in any information storage and retrieval system, without the prior express permission of IASC in writing.

The complete text of «International Accounting Standard IAS 23, Borrowing Costs» in this book are reproduced by the author/publisher with permission from IASC. Copies of the complete original English language texts of all IASC Standards, Exposure Drafts and other publications may be obtained direct from IASC.

2. Entstehung der IAS und die Bedeutung für die Schweizer Wirtschaft

Wie entsteht ein Standard? Das IASC-Verfahren

Die einzelnen IAS werden unter der Aufsicht von «steering committees» (Lenkungsausschüssen) mit Vertretern aus verschiedenen Ländern erarbeitet, was zur internationalen Akzeptanz der IAS erheblich beiträgt. Die definitive Entscheidung über einen IAS-Entwurf fällt aber der «Board» (Rat), oberstes und mächtigstes Organ des IASC. Der «Board» setzt sich aus Vertretern der folgenden Organisationen zusammen:

– Wirtschaftsprüferverbände aus 13 verschiedenen Ländern resp. Regionen, zurzeit Australien, Deutschland, Frankreich, Indien/Sri Lanka, Japan, Kanada, Malaysia, Mexiko, die Niederlande, Skandinavien, Südafrika/Simbabwe, UK und die USA;
– bis zu vier «an der Rechnungslegung interessierte Organisationen»;
– als Beobachter (ohne Stimmrecht) der amerikanische «Financial Accounting Standards Board» (FASB) und die Europäische Kommission (EU).

Im IASC-«Board» sitzen viele Vertreter aus Revisionsfirmen und aus nationalen Rechnungslegungskommissionen («standard-setters»). Damit auch die Benutzer und die Ersteller im Entwicklungsverfahren mitwirken können, trifft sich der Board ab und zu auch mit einer «Consultative Group» (Vernehmlassungsgruppe), welche die Meinung dieser Kreise zu den Vorschlägen erörtern kann.

Die Annahme eines neuen IAS-Vorschlags braucht eine Mehrheit von drei Viertel der Stimmen im «Board». Trotz der scheinbar ausgewogenen Vertretung von angelsächsischen und nicht-angelsächsischen Ländern im «Board» lässt die angelsächsische Ausprägung der angenommenen Standards auf einen überproportionalen Einfluss der angelsächsischen Länder im Entscheidungsverfahren schliessen.

Seit seinem Anfang fiel es dem IASC immer relativ schwer, Konsens zwischen den verschiedenen nationalen Meinungen zu finden. Die ersten IAS liessen deshalb oft mehr als eine mögliche Rechnungslegungsalternative für denselben Tatbestand zu. Für eine echte Vergleichbarkeit zwischen den Rechnungen von Konzernen aus verschiedenen Ländern genügte dies natürlich nicht. Das IASC tat 1989 einen grossen Schritt auf dem Weg zur Harmonisierung mit dem «comparability and improvements project» (Vergleichbarkeits- und Verbesserungsprojekt). Dieses Projekt hatte zum Hauptziel die Förderung der internationalen Harmonisierung durch die Reduktion der Wahlmöglichkeiten in den bestehenden IAS und dadurch die Beschränkung der potentiellen Abweichungen zwischen den verschiedenen nationalen Richtlinien. Die im Projekt revidierten IAS traten am 1. Januar 1995 in Kraft.

Die Schweiz im IASC-Verfahren

Seit Juli 1995 gehört die Schweizerische Industrie-Holding zu den «an der Rechnung-legung interessierten Organisationen» im «Board», und Schweizer Vertreter aus Industrie und Wirtschaft nehmen in den «steering committees» an der Entwicklung von neuen Standards aktiv teil. Dies reflektiert die Bedeutung der Schweiz für das IASC. Aus wirtschaftlicher Sicht ist sie das wichtigste Land, wo die International Accounting Standards direkt (d. h. nicht via an IAS angepasste nationale Vorschriften) für die finanzielle Berichterstattung angewandt werden. Das Kotierungsreglement der Schweizer Börse verlangt von einer kotierten Gesellschaft als Minimum eine Konzernrechnung gemäss Schweizer FER (Fachempfehlungen zur Rechnungslegung), lässt aber auch die Anwendung von anderen, mindestens gleichwertigen Regelwerken zu. Da die FER bis jetzt trotz der neusten Verbesserungen keine weitverbreitete internationale Akzeptanz gefunden haben, tendieren international orientierte Gesellschaften deshalb dazu, diese zweite Möglichkeit auszunützen, und erstellen ihre Jahresabschlüsse nach IAS, um so die Akzeptanz ihrer Geschäftsberichte unter internationalen Investoren zu erhöhen.

Bedeutung der IAS für die Schweizer Wirtschaft

Die IAS sind noch nicht vollständig entwickelt, sondern bleiben weiterhin im Fluss. Darauf wird in diesem Buch bei der Behandlung der einzelnen Standards kurz eingegangen, und die verschiedenen Entwicklungen werden im Kapitel «Zukunftsperspektiven der IAS» zusammengefasst. Die Entwicklung der IAS erfolgt im Rahmen eines für die internationalen Kapitalmärkte potentiell äusserst wichtigen Abkommens, welches das IASC im Juli 1995 mit der **IOSCO** – «International Organisation of Securities Commissions» (internationale Organisation von Börsenaufsichtsbehörden) getroffen hat. Das IASC hat sich verpflichtet, bis 1999 (mittlerweile auf 1998 beschleunigt) die IAS in gewissen Bereichen zu vervollständigen, d. h. zusammen mit den bestehenden IAS werden die aus diesem Verfahren enstehenden neuen resp. revidierten Standards zu einem Minimum an «core standards» (Kern-Standards) entwickelt, welches die IOSCO dann als ganzes Regelwerk ihren Mitgliedern als akzeptable Basis für die Rechnungslegung empfehlen könnte. In vielen Ländern wird eine nach IAS erstellte Konzernrechnung einer ausländischen Gesellschaft für die Kotierung an der lokalen Börse bereits akzeptiert. Mit ihrer IAS-Konzernrechnung ist z. B. die Nestlé-Gruppe an der Londoner Börse kotiert, ohne eine zweite Rechnung nach englischen Normen erstellen zu müssen. Dies gilt aber nicht für die sehr wichtigen Kapitalmärkte in Nordamerika und in Japan, wo eine zweite Rechnung nach lokalen Regeln von den Börsenbehörden verlangt wird, was manchen ausländischen Gesellschaften den Schritt zur dortigen Kotierung erheblich erschwert und verteuert. Falls die IOSCO nach Annahme der fertiggestellten «core standards» die sonst eher etwas büro-kratische SEC («Securities and Exchange Commission», die US-Börsenaufsichtsbehörde) dazu bewegen kann, auch Konzernrechnungen von ausländischen Gesellschaften gemäss IAS zu akzeptieren, statt auf einen zweiten Abschluss nach US-GAAP zu beharren, werden sich viele ausländische Gesellschaften in den USA kotieren lassen, die sich bisher durch den erheblichen Aufwand einer zweiten, höchst komplizierten Konzernrechnung abschrecken liessen. Die Anzahl an grenzüberschreitenden Kapitaltransaktionen könnte dadurch deutlich zunehmen.

Im Sinne einer internationalen Akzeptanz sind die IAS für viele Schweizer Multis sehr wichtig geworden. In erster Linie bezieht sich diese Akzeptanz auf den finanziellen Bereich. Eine Konzernrechnung, die nach international anerkannten Normen erstellt und von einer international renommierten Revisionsgesellschaft testiert worden ist, ist eine grundlegende Voraussetzung für die günstige Kapitalbeschaffung, ob durch die Aufnahme von Krediten zu günstigeren Bedingungen bei internationalen Banken und anderen Finanzinstituten oder durch die Kotierung an vielen ausländischen Börsen. Es ist zu hoffen, dass die US-Börsenbehörden innerhalb weniger Jahre aufgrund der IOSCO-Empfehlung Rechnungen von ausländischen Gesellschaften nach IAS akzeptieren. Damit wäre den interessierten Schweizer Konzernen ein grosser Stolperstein aus dem Weg einer eventuellen Kotierung an den US-Börsen geräumt, und es wäre ihnen eine günstigere Aussenfinanzierung ermöglicht. Erfolgreiche Firmenübernahmen und andere wichtige Geschäfte ausserhalb der Schweiz setzen auch sehr oft eine «akzeptable» Konzernrechnung voraus, die die Glaubwürdigkeit des potentiellen Schweizer Partners untermauert. Sowohl das Schweizer Obligationenrecht als auch die FER sind in den letzten Jahren erheblich ausgebessert worden. Sie reichen aber für eine internationale Akzeptanz noch nicht aus, da internationale Investoren viel mehr von einer Konzernrechnung erwarten. Dafür kommt praktisch nur die Anwendung der US-GAAP und IAS als Rechnungsbasis in Frage, wobei sich IAS – trotz ihrer angelsächsischer Prägung – zurzeit für die meisten multinationalen Konzerne als die weitaus vernünftigere Alternative empfehlen. Fazit: Alles deutet darauf hin, dass die Bedeutung von IAS für die Konzernrechnungslegung von Schweizer «Multis» in den nächsten Jahren noch weiter zunehmen wird.

3. Der konzeptuelle Rahmen der IAS

Einleitung

Bevor wir uns mit den einzelnen Standards beschäftigen, müssen wir uns mit einer IASC-Richtlinie befassen, die kein eigentlicher Standard ist: das konzeptuelle Grundlagen-dokument «**Rahmen** für die Erstellung und Darstellung von Jahresabschlüssen» («**Framework** for the Preparation and Presentation of Financial Statements».) Dieser konzeptuelle Rahmen dient als Grundlage für die einzelnen IAS (über spezifische Themenkreise) und ist deshalb für das allgemeine Verständnis der Standards wichtig. Er behandelt unter anderem

- den **Zweck** des Jahresabschlusses,
- dessen Voraussetzungen und **qualitative Charakteristiken,**
- dessen **Elemente** sowie die **Erfassung** und **Bewertung** dieser Elemente.

Zweck des Jahresabschlusses

Der Jahresabschluss soll dem Leser und der Leserin Auskünfte über die wirtschaftliche Lage des Unternehmens geben und ihnen dadurch erlauben, die Lage zu beurteilen und darauf basierende Entscheidungen zu treffen. In diesem Sinne sind die wichtigsten Informationen diejenigen, die helfen, beurteilen zu können, ob und inwiefern das Unternehmen inskünftig Liquidität generieren kann («evaluation of the ability to generate cash»). Es kann davon ausgegangen werden, dass die Informationen, die ein Anleger zu diesem Zwecke braucht, auch die Informationsbedürfnisse anderer Benützer und Benützerinnen abdecken.

Aus dieser Feststellung geht hervor, dass den Informationsbedürfnissen der Anleger – resp. der sie unterstützenden Finanzanalytiker – ein hoher Stellenwert beigemessen wird. In der Schweiz stand traditionell aber eher die Rechenschaftsablegung des Verwaltungsrates im Vordergrund, was manchmal zu ganz anderen Prioritäten in der Rechnungslegung, vor allem zur Wichtigkeit des Vorsichtsprinzips in der Bewertung geführt hat.

Qualitative Charakteristiken von Jahresabschlüssen

Grundvoraussetzungen eines Jahresabschlusses nach IAS sind:

- die **Periodenabgrenzung,** d.h. dass Geschäftsfälle im Abschluss in der Periode erfasst werden, in der sie anfielen, nicht erst dann, wenn ein daraus entstehender Geldfluss stattfindet; und
- die **Fortführung,** d.h. dass das Unternehmen auch weiterhin seine Geschäftstätigkeit ausüben wird.

Zudem listet der «Rahmen» mehrere Charakteristiken oder Eigenschaften auf, die einen Jahresabschluss für die Benützer und Benützerinnen nützlicher machen:

- Verständlichkeit
- Relevanz:
  - Wesentlichkeit
- Zuverlässigkeit:
  - den tatsächlichen Verhältnissen entsprechend («true and fair view»)
  - wirtschaftliche Betrachtungsweise hat Vorrang vor rechtlicher Form («substance over form»)
  - Neutralität
  - Vorsicht
  - Vollständigkeit
- Vergleichbarkeit (zwischen verschiedenen Geschäftsperioden eines Unternehmens sowie zwischen verschiedenen Unternehmungen)

Dazu ist zu sagen, dass diese Charakteristiken immer in einer gewissen Spannung, wenn nicht gar widersprüchlich zueinander stehen. Das ist besonders der Fall, wo das Vorsichtsprinzip angesprochen wird: Die Neutralität beispielsweise verlangt, dass – falls unrealisierte Verluste erfasst werden (z. B. wechselkursbedingte) – entsprechende unrealisierte Gewinne auch erfasst werden, was u. U. gegen das Vorsichtsprinzip verstösst. Die Stossrichtung der IAS-Entwicklungen geht eindeutig in Richtung Degradierung des Vorsichtsprinzips zugunsten der anderen Charakteristiken.

Auf jeden Fall ist der Begriff «Vorsicht» bei den IAS viel enger zu verstehen, als dies in der Schweiz üblich ist. Der «Rahmen» beschränkt ihn auf die Vorgehensweise bei der Schätzung von ungewissen Werten, damit keine Überbewertung von Aktiven resp. Erträgen und keine Unterbewertung von Passiven resp. Aufwendungen vorkommen. Die Bildung von stillen Reserven sowie von unnötigen Rückstellungen ist jedoch explizit verboten.

Elemente der Jahresrechnung und deren Erfassung

Die folgenden allgemeinen Definitionen der einzelnen Elemente eines Jahresabschlusses und Erfassungskriterien scheinen etwas konzeptuell, breitmaschig und vage. Das kann täuschen. Stellen Sie sich beispielsweise die Frage, ob die folgende Definition eines Aktivums es erlaubt, einen Kursverlust aus einem Fremdwährungsterminvertrag durch Aktivierung in der Bilanz aufzuschieben.

Finanzlage: Aktiven, Verbindlichkeiten und Eigenkapital

Ein **Aktivum** («asset») wird definiert als Ressource. Diese Ressource gelangte aufgrund eines Ereignisses in der Vergangenheit unter die Kontrolle einer Unternehmung, und es wird erwartet, dass sie in der Zukunft der Unternehmung wirtschaftliche Vorteile (= Geld-zuflüsse) bringt.

Eine **Verbindlichkeit** («liability») ist eine gegenwärtige Verpflichtung der Unternehmung. Diese muss nicht vertraglich verankert sein. Eine allgemeine Usanz oder Geschäftspoli-tik, mangelhafte Waren kulant zurückzunehmen oder ihre Reparatur zu übernehmen, kann auch ohne vertragliche Pflicht zu einer effektiven Verpflichtung führen. Auch zu be-achten ist das Wort «gegenwärtig»: Dass irgendwann in der Zukunft etwas passieren könnte, was für die Unternehmung zu Ausgaben führen könnte, kann nicht als Basis für eine gegenwärtige Verpflichtung betrachtet werden.

Aktiven und Verbindlichkeiten werden erfasst, falls

– es wahrscheinlich ist, dass allfällige zukünftige wirtschaftliche Vorteile zu resp. aus der Unternehmung fliessen werden und
– der Wert oder die Kosten derselben zuverlässig ermittelt werden können.

Das **Eigenkapital** («equity») stellt das Vermögen (Aktiven) der Unternehmung nach Abzug aller Verbindlichkeiten dar.

Leistung: Erträge und Aufwendungen

Ein **Ertrag** («income») besteht aus einer Zunahme an wirtschaftlichen Vorteilen während der Geschäftsperiode. Diese kann aus Einnahmen oder aus Wertzunahmen von Aktiven resp. -abnahmen von Verbindlichkeiten entstehen, die zu einem Zuwachs des Eigen-kapitals führen. Ausgenommen davon sind Eigenkapitaleinlagen der Aktionäre. Der Er-trag wird in der Erfolgsrechnung erfasst, wenn er zuverlässig ermittelt werden kann und als gesichert gilt.

Ein **Aufwand** («expense») ist eine Abnahme an wirtschaftlichen Vorteilen während der Geschäftsperiode, die aus dem Spiegelbild der obigen Umstände (also Wertabnahme der Aktiven bzw. -zunahme von Verbindlichkeiten) entsteht. Der Aufwand wird in der Erfolgsrechnung erfasst, wenn er zuverlässig ermittelt werden kann und als gesichert gilt. Generell geregelt ist auch der Zeitpunkt, auf welchen ein Aufwand in der Erfolgsrech-nung erfasst wird:

– Wo ein direkter Zusammenhang zwischen einem Ertrag und einem Aufwand besteht, wird der Aufwand in derselben Geschäftsperiode wie der Ertrag erfolgswirksam, d. h. in der Erfolgsrechnung erfasst. Dieses Zurechnungsverfahren («matching») wird als periodengerechte Abgrenzung von Aufwand und Ertrag bezeichnet.
– Wo die wirtschaftlichen Vorteile aus einem Aufwand über mehrere Perioden zufliessen werden und der Zusammenhang zwischen Ertrag und Aufwand nur grob geschätzt wer-den kann, wird der Aufwand in der Erfolgsrechnung auf **systematische,** logische Art zeit-lich verteilt (vgl. Abschreibung von Sachanlagen, Kapitel 2, Sachanlagen, S. 31).
– Sobald aus einem Aktivum keine wirtschaftlichen Vorteile mehr zu erwarten sind, muss es sofort der Erfolgsrechnung belastet werden.

Bewertung der Elemente der Jahresrechnung

Das «Framework» lässt für die Bewertung der Elemente der Jahresrechnung mehrere Grundlagen zu, z. B. historischer Anschaffungswert oder Tageswert. Diese Freiheit passt allerdings nicht ganz mit der allgemeinen Harmonisierungsabsicht des IASC zusammen.

Die Standards im Einzelnen

1. Einführung

Die Kapitel 2–4 behandeln die einzelnen Standards. Folgende Gruppierung wurde vorgenommen:

- **Standards zur Erfassung und Bewertung (Bilanz und Erfolgsrechnung)**
  Hier werden zuerst die Standards, die sowohl den Einzel- als auch den Konzernabschluss betreffen, behandelt, beginnend beim Anlagevermögen der Bilanz bis zur Erfolgsrechnung. Zusätzlich wird in den letzten vier Abschnitten auf die Standards eingegangen, die nur die Konzernrechnung betreffen. Obwohl es sich hierbei nicht um eigentliche Offenlegungs-, sondern um Erfassungs- und Bewertungsstandards handelt, wird auch hier auf die Offenlegung eingegangen.

- **Standard zur Geldflussrechnung**
  IAS 7 ist eigentlich ein Offenlegungsstandard, jedoch ist die Bedeutung und die Komplexität dieser «dritten Jahresrechnung» so gross, dass ihr ein eigenes Kapitel gewidmet wird.

- **Standards zur Offenlegung**
  Über die Offenlegungsvorschriften könnte ein eigenes Buch geschrieben werden. Da die Offenlegungsvorschriften mittels von den grossen Revisionsgesellschaften herausgegebenen Checklisten leicht nachzuvollziehen sind, wird hier nur kurz auf die generellen Konzepte der einzelnen Standards eingegangen.

Um einen logischen Aufbau zu gewährleisten, wurde absichtlich die Originalreihenfolge der Standards, die sich rein nach dem Inkrafttretungsdatum der Standards richtet, nicht eingehalten. Standards, die sich auf eine einzelne Bilanz- resp. Erfolgsrechnungsposition (z. B. Sachanlagen: IAS 16, 17 und 23) oder eine ähnliche Problematik beziehen, wurden zusammengefasst.

2. Standards zur Erfassung und Bewertung (Bilanz und Erfolgsrechnung)

Sachanlagen

IAS 16: Sachanlagen
IAS 17: Leasingverträge
IAS 23: Fremdkapitalzinsen

Grundsatz

Bei erstmaliger Erfassung werden **Sachanlagen** zu den Anschaffungs- resp. Herstellkosten bewertet. Nachher erscheinen sie in der Bilanz zu diesem Wert abzüglich aufgelaufener Abschreibungen. Zugelassen wird auch die Aufwertung zum Verkehrswert («allowed alternative»). Die **Abschreibung** von Sachanlagen erfolgt durch die systematische Verteilung der abzuschreibenden Werte über die Nutzungsdauer. Beim Finanzierungsleasing bestimmt die wirtschaftliche Substanz des **Leasingvertrags,** ob das Geschäft effektiv als Kauf von Sachanlagen mit dazugehörender Fremdfinanzierung behandelt wird.

Definition von Sachanlagen

Sachanlagen sind physische Vermögensgegenstände

– die ein Unternehmen zwecks Nutzung für die Herstellung von Waren oder bei der Erbringung von Dienstleistungen gebraucht, an Dritte vermietet (z. B. Automiete), oder für administrative Zwecke benötigt,
– die voraussichtlich während mehr als einer einzigen Geschäftsperiode verwendet werden sollen.

Bewertung von Sachanlagen bei erstmaliger Erfassung

Sachanlagen werden erstmals zu Anschaffungs- resp. zu Herstellkosten erfasst. Zu den Anschaffungskosten gehören der Anschaffungspreis, inklusive Zollabgaben, sowie sämtliche andere direkt verrechenbare Kosten wie z. B.

– Grundstückserschliessungskosten
– Anlieferungs- und Behandlungskosten
– Installationskosten
– Architekten- und Ingenieurhonorare

Dieselben Grundsätze gelten auch für die Herstellkosten von selbsthergestellten Sachanlagen. Hier sollen auch nur die Kosten, die unmittelbar mit der Herstellung der Sachanlagen verbunden sind, berücksichtigt werden. Allgemeine administrative und andere
Gemeinkosten gehören normalerweise nicht dazu.
IAS 23 «Fremdkapitalzinsen» bevorzugt die sofortige erfolgswirksame Abbuchung von
allen Fremdkapitalzinsen («benchmark».) Erlaubt ist aber auch die Aktivierung von Zinsen
auf Fremdkapitalien, die den Bau von Sachanlagen über längere Zeit finanzieren, wobei
die Aktivierung bei Inbetriebnahme aufhören muss («allowed alternative».
Die Kosten von Verbesserungen bestehender Sachanlagen sind zum Wert dieser Anlagen
zuzuschlagen, insofern sie wertvermehrend sind, z. B. durch Verlängerung der geschätzten Nutzungsdauer, durch Kapazitätserweiterung, durch markante Verbesserung der
Qualität der Produktion oder Verminderung der Betriebskosten.

Bewertung von Sachanlagen nach erstmaliger Erfassung: Bevorzugte Methode

Mit wenigen Ausnahmen wenden Schweizer Konzerne die bevorzugte Bewertungsmethode an, nämlich «zu historischen Werten» oder – genauer gesagt – die Bewertung
von Sachanlagen zu deren Anschaffungs- resp. Herstellkosten abzüglich aufgelaufener
Abschreibungen sowie Sonderabschreibungen für allfällige Wertverminderungen.
Es stellt sich natürlich sofort die Frage, wie die Abschreibungen zu erfolgen haben. Hier
gilt der Grundsatz, dass die Anschaffungs- resp. Herstellkosten der Sachanlagen abzüglich deren geschätzten Restwerte **systematisch** über die Nutzungsdauer abzuschreiben sind. Dazu einige Bemerkungen:

– Die Abschreibungen sind erfolgswirksam.
– Es wird keine spezifische Abschreibungsmethode vorgeschrieben. Sowohl lineare als
  auch degressive Abschreibungen sind zugelassen. Wichtig ist, dass die Methode
  systematisch und vor allem stetig angewandt wird.
– Bei der Schätzung der Nutzungsdauer geht man von realistischen Erwartungen aus,
  unter Berücksichtigung der geschätzten physischen Veralterung, der technischen und
  wirtschaftlichen Obsoleszenz sowie des Verschleisses. Die Schätzung muss periodisch
  überprüft und wo nötig angepasst werden.

Beispiel: Anpassung der Abschreibungsdauer

(Beträge in Mio. Fr.)

Anlage am 1. 1. 1995 gekauft zum Anschaffungswert von	10
abzüglich zum Zeitpunkt der Anschaffung geschätzter Restwert	0
Abzuschreibender Wert	10

Zum Zeitpunkt der Anschaffung geschätzte Nutzungsdauer: 10 Jahre
Abschreibungssatz (lineare Abschreibung) 10% ergibt 1 Mio. Fr. pro Jahr

Kumulierte Abschreibungen nach 6 Jahren (31. 12. 2000)	– 6
Nettobuchwert 31. 12. 2000	4

Im Jahre 2001 wird wegen verschärfter Umweltschutzvorschriften der Entscheid gefällt, die Anlage bis Ende 2002 stillzulegen. Die geschätzte Nutzungsdauer wird deshalb von 10 auf 8 Jahre gekürzt (6 + 2). Der Nettobuchwert muss jetzt systematisch über die verbleibenden 2 Jahre abgeschrieben werden, d.h. neu beträgt der jährliche Abschreibungsaufwand 2 Mio. Fr. (statt 1 Mio. Fr.)

Abschreibungsaufwand 2001	– 2
Abschreibungsaufwand 2002	– 2
Nettobuchwert bei Stilllegung	0

– Im Allgemeinen werden Grundstücke nicht abgeschrieben, weil sie eine unbegrenzte Nutzungsdauer haben.
– Es ist wichtig, dass die Abschreibungen von Sachanlagen keineswegs eine Manövriermasse darstellen dürfen, durch die der jährliche Aufwand je nach steuerlichen oder sonstigen bilanzpolitischen Überlegungen der Ertragslage des Unternehmens angepasst wird. Ein solcher Ansatz würde ganz klar gegen das Stetigkeitsprinzip (Konsistenz) verstossen und das «den tatsächlichen Verhältnissen entsprechende Bild» der Ertragslage verzerren.

IAS 16 «Sachanlagen» verlangt eine regelmässige Kontrolle, ob der Buchwert der einzelnen Sachanlagen den Wert übersteigt, den das Unternehmen durch ihre Nutzung oder, falls grösser, durch ihre Veräusserung erwirtschaften könnte («recoverable amount», wiedereinbringbarer Betrag/Nutzwert). Falls durch diese Kontrolle eine Wertverminderung festgestellt wird, muss diese sofort in der Bilanz berücksichtigt werden, indem der Buchwert erfolgswirksam auf den Nutzwert reduziert wird. Solche Fälle treten manchmal durch Beschädigung ein oder weil die Sachanlagen technisch überholt sind. Meistens aber ist die Kontrolle in der Praxis sehr schwierig durchzuführen, hauptsächlich, weil es schwerfällt, den Geldfluss festzustellen, der durch einzelne Sachanlagen in der Zukunft erzeugt wird. Zurzeit läuft beim IASC ein Projekt, das die ganze Problematik der Wertverminderung («impairment») unter die Lupe nimmt; das Projekt wird wahrscheinlich zu Anpassungen der heutigen Regelung führen.

Beispiel: Sachanlagenbewertung zu den Anschaffungs- resp. Herstellkosten aus dem Geschäftsbericht des Roche-Konzerns 1996

«Sachanlagen werden zu Anschaffungs- oder zu Herstellkosten bewertet und linear abgeschrieben, mit Ausnahme von Grundstücken, die nicht abgeschrieben werden. Die geschätzte Nutzungsdauer für die Hauptkategorien der abzuschreibenden Sachanlagen beträgt 25 bis 40 Jahre (meistens 33 Jahre) für Gebäude und 3 bis 15 Jahre (meistens 10 Jahre) für Maschinen und Einrichtungen ...»

Bewertung von Sachanlagen nach erstmaliger Erfassung: Erlaubte Alternative

IAS 16 lässt als erlaubte Alternative («allowed alternative») die Aufwertung von Sachanlagen zu, d. h. Bilanzierung zum Verkehrswert per Neubewertungsdatum abzüglich danach aufgelaufener Abschreibungen. Da diese Alternative in der Schweiz eher selten vorkommt, werden hier nur einige wichtige Aspekte erwähnt:

– Diese erlaubte Alternative muss – wenn überhaupt – für sämtliche Sachanlagen oder für ganze Sachanlagekategorien angewandt werden. Sie darf somit nicht nur für einzelne Sachanlagen verwendet werden. Zugelassen ist beispielsweise die Aufwertung von allen Liegenschaften, jedoch nicht nur von einzelnen.
– Neubewertungen zu Verkehrswerten müssen regelmässig und stetig vorgenommen werden.
– Die Aufwertung erfolgt direkt über das Eigenkapital (Neubewertungsreserve), nicht über die Erfolgsrechnung. Erfolgswirksam sind aber die Abschreibungen, die auf den aufgewerteten Beträgen basiert sind.

Beispiel Sachanlagenbewertung zu Verkehrswerten aus dem Geschäftsbericht des Nestlé-Konzerns 1996

«Die Sachanlagen werden zu Nettowiederbeschaffungswerten eingesetzt, die wie folgt ermittelt werden:

– Grundstücke: zu vorsichtig geschätzten Verkehrswerten,
– andere Sachanlagen: zu Wiederbeschaffungsneuwerten (d.h. zum Betrag, der zum Tagespreis ausgegeben werden müsste, um ein Anlagegut durch ein neues, gleiches, ordnungsgemäss installiertes und dem gleichen Zweck dienliches Anlagegut zu ersetzen), abzüglich der kumulierten Abschreibung dieser Werte.

Die Wiederbeschaffungswerte werden anhand von offiziellen oder durch professionelle Organe fixierten Koeffizienten berechnet. Die Werte werden jährlich revidiert.»

Im Vergleich zur bevorzugten Methode führt die Anwendung dieser Alternative zu

– höheren Sachanlagenwerten – die Nettowiederbeschaffungswerte der Sachanlagen des Nestlé-Konzerns von CHF 22,3 Mia. übersteigen die «Nettobuchwerte» um CHF 4,6 Mia. (26%);
– höherem Eigenkapital – Nestlés Aufwertungsreserve macht CHF 4,6 Mia. vom Eigenkapital von CHF 21,9 Mia. (21%) aus;
– einem tieferen Verschuldungsgrad – mit Bewertung von Sachanlagen zu «Nettobuchwerten» würde das Fremdkapital von Nestlé (inkl. Minderheitsanteile) 62% der Bilanzsumme betragen statt 57% bei Bewertung zu Wiederbeschaffungswerten. Der Grund dafür liegt in der Reduktion der Bilanzsumme sowie des Eigenkapitals;
– einem tieferen Reingewinn angesichts des grösseren Abschreibungsaufwandes.

Leasing

IAS 17 «Leasingverträge» schreibt eine ganz unterschiedliche Behandlung für Finanzierungsleasing («finance lease») und für operatives Leasing («operating lease») vor, da nur letzteres wirtschaftlich gesehen substantiell einer gewöhnlichen Miete entspricht. Im Gegensatz zur rechtlichen Form des Vertrags entspricht seine wirtschaftliche Substanz bei einem Finanzierungsleasing effektiv dem Kauf von Sachanlagen mit dazugehöriger Fremdfinanzierung und keiner «echten» Miete. Der Grund dafür ist, dass alle wesentlichen Risiken und Vorteile, die mit dem Eigentum der Sachanlage verbunden sind, vom Leasinggeber zum Leasingnehmer übertragen werden – das Eigentumsrecht selbst aber nicht. So sehen solche Leasingverträge vor, dass das Eigentumsrecht erst nach Ablauf des Vertrags auf den Leasingnehmer übergeht oder von ihm zu einem «Spottpreis» erworben werden kann.

Beispiele für operatives Leasing sind die meisten Mietverträge für Fotokopiergeräte, für Finanzierungsleasing Verträge, in denen eine Fluggesellschaft Flugzeuge zu günstigen Finanzierungsbedingungen zukauft.

Im Falle vom operativen Leasing sieht IAS 17 die Verbuchung der Mieten ganz einfach beim Leasinggeber («lessor») als Ertrag vor, wobei die Sachanlage bei ihm in der Bilanz bleibt und abgeschrieben wird. Beim Leasingnehmer («lessee») erscheint die Miete als Aufwand.

Die Erfassung eines Finanzierungsleasings gemäss IAS 17 sieht hingegen etwas komplizierter aus:

– Aus der Sicht des Leasinggebers wird die Sachanlage buchhalterisch verkauft, obschon das Eigentumsrecht immer noch bei ihm bleibt. Dafür entsteht aber eine Forderung gegenüber dem Leasingnehmer in Höhe der «Nettoinvestition» (dem abgezinsten Wert der Mindestzahlungen aus dem Leasingvertrag). Die Ratenzahlungen, die über die Laufzeit des Vertrags erhalten werden, sind zwischen (1) Zinserträgen und (2) Forderungstilgungen aufzuteilen.

– Am Anfang des Vertrags bucht der Leasingnehmer die Sachanlage als Aktivum. Diese wird nachher «normal» abgeschrieben. Die Verbindlichkeit für die künftigen Zahlungen wird als Passivum verbucht. Die Beträge entsprechen entweder dem Verkehrswert der Sachanlage oder, falls tiefer, dem Barwert der Mindestzahlungen gemäss Leasingvertrag. Die Ratenzahlungen werden aufgeteilt zwischen Zinsaufwand und Schuldentilgungen.

Beispiel: Finanzierungsleasing

Computerhersteller und Leasinggeber G schliesst einen Leasingvertrag für einen Computer mit N (Leasingnehmer) ab. Nach Ablauf des Vertrags kann N den Rechner zum symbolischen Preis von Fr. 1.– kaufen. Beim Abschluss des Vertrags (1.1.01) beträgt der Verkehrswert des Computers Fr. 60000.–. Dieser Wert entspricht auch dem Barwert der Ratenzahlungen von Fr. 24000.– pro Jahr – insgesamt Fr. 72000.–. Der Einstandspreis des verkauften Computers bei G betrug Fr. 45000.–. Die Nutzungsdauer schätzt N mit drei Jahren ein. Aufgrund des jeweils ausstehenden Betrages werden die jährlichen Ratenzahlungen wie folgt aufgeteilt (in TFr.):

Jahr	Ratenzahlung	davon Tilgung	Zins
.01	24	18	6
.02	24	20	4
.03	24	22	2

Die Buchungen sehen wie folgt aus:

(Beträge in TFr.; Soll-Eintragungen +, Haben-Eintragungen –)

Beim Leasinggeber

	Bilanz			Erfolgsrechnung			
	Bank	Leasing-forderung	Waren-lager	Waren-verkäufe	Waren-aufwand	Zins-ertrag	Jahres-gewinn
1. 1. 01 Beim Abschluss		60		– 60			
1. 1. 01 Beim Abschluss			– 45		45		
31. 12. 01 Ratenzahlung	24	– 18				– 6	
31. 12. 01 Salden	24	42	– 45	– 60	45	– 6	–21
31. 12. 02 Ratenzahlung	24	– 20				– 4	
31. 12. 02 Salden	48	22	– 45			– 4	– 4
31. 12. 03 Ratenzahlung	24	– 22				– 2	
31. 12. 03 Salden	72	0	– 45			– 2	– 2
Gesamtergebnis über Vertragsdauer →				– 60	45	– 12	–27

Beim Leasingnehmer

	Bank	Sach-anlage	Leasing-Verbindl.	Abschrei-bungen	Zins-aufwand	Jahres-verlust
1. 1. 01 Beim Abschluss		60	– 60			
31. 12. 01 Jahresabschrei-bung (1/3)		– 20		20		
31. 12. 01 Ratenzahlung	– 24		18		6	
31. 12. 01 Salden	– 24	40	– 42	20	6	26
31. 12. 02 Jahresabschrei-bung (1/3)		– 20		20		
31. 12. 02 Ratenzahlung	– 24		20		4	
31. 12. 02 Salden	– 48	20	– 22	20	4	24
31. 12. 03 Jahresabschrei-bung (1/3)		– 20		20		
31. 12. 03 Ratenzahlung	– 24		22		2	
31. 12. 03 Salden	– 72	0	0	20	2	22
Gesamtergebnis über Vertragsdauer →				60	12	72

Immaterielle Güter

IAS 4: Abschreibungen
IAS 9: Forschungs- und Entwicklungskosten
IAS 22: Unternehmungszusammenschlüsse

Grundsatz

Ein umfassender IAS zum Thema **Immaterielle Güter** («intangible assets») ist immer noch erst in der Diskussionsphase (vgl. auch Kapitel «Zukunftsperspektiven der IAS», S. 109). Es bestehen nur allgemeine Bewertungsprinzipien (vgl. Kapitel 3, «Der konzeptuelle Rahmen», S. 25) und spezifische Hinweise in Bezug auf **Abschreibungen** (IAS 4), auf **Goodwill** (IAS 22) sowie auf **Forschungs- und Entwicklungskosten** (IAS 9).

Definition immaterielle Güter

Immaterielle Güter sind identifizierbare, nichtmonetäre und nichtphysische Vermögensgegenstände,

– die ein Unternehmen zwecks Nutzung bei der Herstellung von Waren oder bei der Erbringung von Dienstleistungen gebraucht, an Dritte vermietet oder für administrative Zwecke benötigt;
– die voraussichtlich während mehr als einer einzigen Geschäftsperiode verwendet werden sollen.

Beispiele sind Lizenz-, Patent- und Markenrechte und andere Formen von geistigem Eigentum wie Software und technologisches Wissen. Manchmal wird Goodwill auch darunter berücksichtigt (siehe «Übernahmen und Fusionen», S. 79).

Abschreibung

Die Abschreibung von aktivierten immateriellen Gütern erfolgt gemäss IAS 4, «Abschreibungen», auf gleiche Art und Weise wie bei Sachanlagen, nämlich systematisch über die Nutzungsdauer. Bei immateriellen Gütern – wie z. B. bei Patentrechten – setzt der Verfall eines bestimmten Rechtes dieser Dauer eine klare Grenze.

Goodwill

Siehe «Übernahmen und Fusionen», IAS 22, Seite 79.

Forschungs- und Entwicklungskosten

Unter «Forschung» verstehen sich Arbeiten, die in der Hoffnung ausgeführt werden, daraus neue wissenschaftliche oder technische Erkenntnisse zu gewinnen (Grundlagenforschung, Anwendungsforschung, Design neuer Produkte und Prozesse). Gemäss IAS 9, «Forschungs- und Entwicklungskosten», sind Forschungskosten immer als Periodenaufwand zu behandeln.

«Entwicklung» umfasst hingegen die Anwendung von existierendem Wissen für die Planung oder den Entwurf der Herstellung von neuen oder markant verbesserten Produkten, Prozessen usw., bis zu deren Markteinführung. Beispiele hierfür sind die Auswertung von alternativen Produkten und Prozessen oder die Erstellung von Prototypen und Modellen. IAS 9 schreibt vor, dass Entwicklungskosten auch als Periodenaufwand zu behandeln sind, es sei denn, die **kumulative** Erfüllung gewisser strenger Kriterien erlaubt eine Aktivierung mit darauf folgender systematischer Abschreibung (normalerweise über höchstens fünf Jahre). Die Bedingungen für eine Aktivierung sind:

– Die entwickelten Produkte oder Verfahren und deren Kosten müssen klar identifizierbar sein.
– Die technische Realisierbarkeit sowie die Existenz eines Marktes dafür müssen nachgewiesen sein.
– Das Unternehmen muss die Absicht sowie die Mittel haben, das Produkt oder Verfahren herzustellen und zu verkaufen resp. zu benützen.
– Die zu erwartenden Erträge übersteigen die Kosten des gesamten Projektes.

Diese Kriterien kann man alle mit dem Begriff «certainty of recoverability» skizzieren, d. h. die Wahrscheinlichkeit, dass das Unternehmen die zu aktivierenden Kosten durch den Verkauf des Produktes usw. wieder einbringen kann. In vielen Branchen – z. B. in der Pharma-Branche – sind die Unsicherheiten diesbezüglich meistens so bedeutend, dass die Kriterien für die Aktivierung von Entwicklungskosten im Zeitpunkt, wo sie anfallen, nicht erfüllt werden. Eine nachträgliche Aktivierung – sobald sich diese Unsicherheiten gelöst haben – ist gemäss IAS 9 nicht zugelassen.

Beispiel Forschungs- und Entwicklungskosten aus dem Geschäftsbericht des Roche-Konzerns 1996

«Forschungskosten werden laufend der Erfolgsrechnung belastet... Auch die Entwicklungskosten werden laufend der Erfolgsrechnung belastet, da nach Einschätzung des Managements die Kriterien für eine Aktivierung nicht erfüllt sind.»

Bis April 1998 sollen die IAS betreffend immaterielle Güter, Goodwill, Forschungs- und Entwicklungskosten sowie Wertverminderungen eine wichtige Revision erfahren (vgl. «Zukunftsperspektiven der IAS», S. 111f.).

Warenlager

IAS 2: Warenlager

Grundsatz

Die Bewertung von Warenlagern erfolgt gemäss Niederstwertprinzip, d. h. zu **Anschaffungs- resp. Herstellkosten** oder, falls tiefer, zum **netto realisierbaren Wert** (NRW). Stille Reserven – vgl. «Steuerdrittel» in der Schweiz – sind nicht zugelassen.

Kosten

Bei der Bewertung von eingekauften Waren werden die Anschaffungskosten berücksichtigt. Bei hergestellten Waren handelt es sich um die Herstell- und Verarbeitungskosten; nicht nur die direkt mit der Produktion verbundenen Kosten (z. B. variabler Material- und Personalaufwand), sondern auch systematisch zugeteilte Produktionsgemeinkosten (variable sowie fixe wie z. B. Produktionsleitung, Abschreibungen von Fabrikgebäuden und -einrichtungen). Im Allgemeinen gehören in die Bewertung alle Kosten, die nötig sind, «um die Waren in den gegenwärtigen Zustand resp. Ort zu bringen».

Bei der Zuteilung der Produktionsgemeinkosten wird von der «normalen Produktion» ausgegangen, die durchschnittlich über mehrere Perioden zu erwarten ist. Falls die effektive Produktion in einer Periode tiefer als die normale Produktion ausfällt, findet keine Aktivierung der daraus entstehenden zusätzlichen Gemeinkosten pro Einheit statt, diese werden erfolgswirksam abgebucht. Falls die Produktion der Periode hingegen höher als normal ausfällt, sind die tieferen Gemeinkosten pro Einheit für die Lagerbewertung massgebend.

Beispiel: Zuteilung von Produktionsgemeinkosten

	Fr.	Einheiten
Produktionsgemeinkosten pro Jahr	100 000	
Normale Produktion (Einheiten pro Jahr)		1 000
Zugeteilte Produktionsgemeinkosten pro Einheit (normal)	100	
Jahr 1:		
Effektive Produktion (Einheiten)		500
Zugeteilte Produktionsgemeinkosten pro Einheit	100	
(sie steigen für die Lagerbewertung *nicht* auf Fr. 200.–)		
Jahr 2:		
Effektive Produktion (Einheiten)		2 000
Zugeteilte Produktionsgemeinkosten pro Einheit neu	50	
(= Fr. 100000.– : 2000.–) Sie werden als Warenlager aktiviert.		

Kostenrechnungsmethoden

Als Grundprinzip gilt, dass Waren, die normalerweise nicht fungibel, d. h. austauschbar sind oder die für bestimmte Zwecke hergestellt und ausgesondert wurden, nach der Einzelbewertungsmethode erfasst werden. Für andere Waren gelten als bevorzugte («benchmark»-)Methoden sowohl die FIFO-Methode («first-in-first-out») als auch die Bewertung zu gewogenen Durchschnittskosten. Erlaubte alternative Methode («allowed alternative») ist auch die LIFO-Methode («last-in-first-out»).

Diese unterschiedlichen Methoden führen meistens zu unterschiedlichen Lagerwerten und dadurch zum periodisch unterschiedlichen Ausweis vom Materialaufwand.

Beispiel: Kostenrechnungsmethoden für Warenlagerbewertung

Gewogene Durchschnittskosten

1996		Menge	Fr./Stück	Total Fr.	Gewogener Durchschnittspreis (Fr.)	Warenaufwand (Fr.)
1. 1.	Bestand	10	10.00	100.00	10.00	
31. 3.	Ankauf	5 +	12.00	60.00		
	Bestand	15		160.00	10.667*	
15. 5.	Verkauf	8 –	10.667*	85.33 –		85.33
	Bestand	7		74.67	10.667	
2. 6.	Ankauf	7 +	15.00	105.00 +		
	Bestand	14		179.67	12.834*	
30. 6.	Verkauf	8 –	12.834*	102.67 –		102.67
	Bestand	6		77.00	12.834	188.00

* Neu ermittelter gewogener Durchschnittspreis des Bestandes wird für die Bewertung der darauf folgenden Abgänge (Verkäufe) angewendet.

Die folgenden **FIFO**- und **LIFO**-Berechnungen gehen von denselben Einzeltransaktionen aus wie beim Beispiel zu gewogenen Durchschnittskosten. Sie führen aber zu unterschiedlichen Bewertungen der Bestände und dadurch auch zu unterschiedlichem Warenaufwand.

First-in-first-out (FIFO)

30. 6.	Best. 6 · Fr. 15.–*	6		90.00		175.00

* Fr. 15.– vom Ankauf von 7 am 2. 6. 1996

Last-in-first-out (LIFO)

30. 6.	Best. 6 · Fr. 10.–*	6		60.00		205.00

* Fr 10.– vom ursprünglichen Bestand (1. 1. 1996)

Netto realisierbarer Wert

Der Marktwert von einzelnen Waren im Warenlager kann unter Umständen unter deren Anschaffungs- bzw. Herstellkosten sinken (z. B. verfallene oder beschädigte Waren). In diesem Falle muss eine entsprechende Wertberichtigung auf den netto realisierbaren Wert (NRW) dieser Waren vorgenommen werden. Der NRW ist der geschätzte Verkaufspreis der Waren abzüglich allfälliger Kosten der Fertigstellung und Verkaufskosten. Es gilt hier das Prinzip der Einzelbewertung: Der Vergleich zwischen Kosten und NRW sollte für jedes Produkt separat erfolgen, wobei eine Produktgruppen-Betrachtung auch zulässig wäre. Verändern sich die Umstände, die zur Wertberichtigung führten, so dass diese betriebswirtschaftlich nicht mehr gerechtfertigt ist, so ist die Wertberichtigung erfolgswirksam aufzulösen.

Der Buchwert von Rohstoffen, deren Marktwert unter deren Kosten sinkt, muss normalerweise nur dann nach unten berichtigt werden, falls der NRW des damit hergestellten Produktes unter dessen Herstellkosten sinkt.

Beispiel Warenlagerbewertung aus dem Geschäftsbericht des Alusuisse-Lonza-Konzerns 1996

«Die Vorräte sind zu den Anschaffungs- bzw. Konzernherstellkosten, höchstens jedoch zum Marktwert (netto realisierbare Werte) bilanziert. Die Kosten werden mittels der monatlichen oder gewichteten Durchschnittsmethode ermittelt. Anteilige Produktionsgemeinkosten sind in den Vorräten enthalten. Vorräte mit langer Lagerdauer und inkurante Waren werden wertberichtigt ...»

Langfristige Fertigungsaufträge

IAS 11: Langfristige Fertigungsaufträge

Grundsatz

Es geht hier hauptsächlich um Bauaufträge, die sich über mehr als ein Jahr erstrecken, und um die damit verbundene zeitliche Aufteilung des Auftragsgewinnes über mehrere Perioden. IAS 11 verlangt in solchen Fällen die Anwendung der **«percentage of completion»-Methode.**

«Percentage of completion»-Methode

Gemäss dieser Methode wird der erwartete Gewinn aus einem Auftrag nach dem Fortschritt der bisher erbrachten Leistungen («percentage of completion») als realisiert ausgewiesen. Falls der erfolgsmässige Verlauf des Auftrages als unsicher gilt und deshalb der Gesamterfolg nicht zuverlässig geschätzt werden kann, dürfen nur die anteiligen Kosten als Umsatz ausgewiesen werden (d. h. ohne Teilgewinnrealisierung, vgl. Fall 2 im untenstehenden Beispiel). Allfällige erwartete Verluste sind sofort als Aufwand zu berücksichtigen (vgl. Fall 3 des Beispiels).

Beispiel: «Percentage of completion»-Methode (Beträge in Mio. Fr.)

	Schätzung Gesamtauftrag			Im 1. Jahr ausgewiesen		
	Ertrag	Aufwand	Erfolg	Ertrag	Aufwand	Erfolg
Beim Abschluss eines dreijährigen Auftrages						
Geschätzter Erfolg	270	222	48			
Bestandesaufnahme am 1. Jahresende						
Fall 1 Zuverlässige Schätzung des gesamten Auftragserfolges möglich	270	240	30			
Bei Fertigstellungsgrad von 50% am Jahresende (Fortschritt der erbrachten Leistungen) werden ausgewiesen				135	120	15
Fall 2 Keine zuverlässige Schätzung des gesamten Auftragserfolges möglich	?	?	?			
Angefallene Kosten bis zum 1. Jahresende (= 127) werden auch als Umsatz ausgewiesen				127	127	0
Fall 3 Es wird ein Verlust erwartet	270	286	– 16			
Bei Fertigstellungsgrad von 50% am Jahresende (Fortschritt der erbrachten Leistungen) werden ausgewiesen*				135	151	– 16

* d.h. einschliesslich des ganzen erwarteten Verlustes

Beispiel Behandlung von langfristigen Aufträgen im Geschäftsbericht des ABB-Konzerns 1996

«Umsatzausweis und Gewinnrealisierung

Umsatzerlöse aus Lieferungen und Leistungen werden bei Leistungserfüllung gebucht, Umsatzerlöse aus langfristigen Aufträgen in Abhängigkeit vom Fertigstellungsgrad («Percentage of completion»-Methode). Je nach Auftrag wird der Fertigstellungsgrad (...) nach dem Stand erbrachter Leistungen ermittelt.»

Finanzanlagen

IAS 25: Finanzanlagen

Grundsatz

Es wird zwischen **kurzfristigen** und **langfristigen Finanzanlagen** unterschieden. Kurzfristige Finanzanlagen dürfen entweder zum Marktwert oder gemäss dem Niederstwertprinzip bewertet werden. Langfristige werden hingegen zum Anschaffungswert, zum Verkehrswert (was manchmal dem Marktwert entspricht) oder gemäss dem Niederstwertprinzip bewertet. Die angewandte Bewertungsmethode bestimmt auch die Behandlung allfälliger Wertanpassungen – ob erfolgswirksam oder neutral.

Kurzfristige Finanzanlagen

Zurzeit besteht in den IAS eine sehr grosse Freiheit, was die Bewertung von kurzfristigen Finanzanlagen anbelangt. Diese Situation wird aber nur vorübergehend sein. Neue Standards, welche die Bewertung von Finanzinstrumenten im Allgemeinen regeln, sind in der Diskussionsphase. Die folgenden Ausführungen beziehen sich auf den aktuellen Stand der IAS, hauptsächlich auf IAS 25. «Kurzfristige Finanzanlagen» sind von ihrer Art her schnell realisierbar, in der Regel werden sie weniger als ein Jahr gehalten.

Bei erstmaliger Erfassung werden kurzfristige (wie auch langfristige) Finanzanlagen zum Anschaffungswert verbucht. Der Anschaffungswert versteht sich inklusive Courtage, Kommissionen usw., aber abzüglich aufgelaufener, noch nicht erhaltener Erträge, die im Kaufpreis inbegriffen sind (z. B. Marchzinsen). Für die Stichtagsbilanz bestehen die folgenden Bewertungsmöglichkeiten. Die Behandlung allfälliger, daraus entstehender Wertanpassungen vom aktuellen Buchwert ist daneben aufgeführt.

Bewertungsmethode	Verbuchung der Wertanpassung
1 Marktwert	Erfolgswirksam
2 Marktwert	– Abnahmen erfolgswirksam
	– Zunahmen erfolgsneutral (Eigenkapital)
3 Niederstwertprinzip/Globalbewertung	Zunahmen (nur zum Ausgleich einer früheren Abnahme) und Abnahmen erfolgswirksam
4 Niederstwertprinzip/Einzelbewertung	wie 3. Methode

Bei Methode 2 ist die oben beschriebene Verbuchung von einer späteren Wertanpassung wie folgt behandelt: Eine Zunahme ist erfolgswirksam zu verbuchen, insofern sie eine frühere, erfolgswirksam verbuchte Abnahme desselben Postens ausgleicht; handkehrum ist eine Abnahme erfolgsneutral zu berücksichtigen, insofern sie eine frühere, erfolgsneutral verbuchte Zunahme ausgleicht.

Die Globalbewertung (Methode 3) darf entweder für das Portefeuille als Ganzes oder bezogen auf einzelne Anlagenkategorien vorgenommen werden – immer aber konsistent. Mit «Niederstwert» (Methoden 3 und 4) versteht man hier Anschaffungswert oder, falls tiefer, Marktwert.

Beispiel: Wertschriftenbewertung – Portefeuille 31. 12. 1997

(Beträge in TFr.)

Anlage	Anschaffungswert	Marktwert	Niederstwert/ Globalbewertung	Niederstwert/ Einzelbewertung
W	50	100		50
X	90	80		80
Y	30	30		30
Z	60	40		40
Total	230	250	230	200

Gehen wir davon aus, dass die Anlagen erst im Jahre 1997 getätigt worden sind. Die verschiedenen Bewertungsmethoden wirken sich wie folgt aus:

Methode 1
Marktwert: In der Bilanz per 31. 12. 97 werden kurzfristige Finanzanlagen mit TFr. 250 ausgewiesen – die Wertzunahme um TFr. 20 (gegenüber dem Anschaffungswert) erscheint als Ertrag in der Erfolgsrechnung.

Methode 2
Marktwert: Wie bei 1., aber die Wertanpassung um TFr. 20 wird direkt auf das Eigenkapital verbucht.

Methode 3
Niederstwert/Globalbewertung: Der Anschaffungswert des ganzen Portefeuilles von TFr. 230 (= Buchwert) liegt tiefer als sein gesamter Marktwert von TFr. 250. Deshalb ist keine Anpassung nötig.

Methode 4
Niederstwert/Einzelbewertung: Jede einzelne Anlage wird zum Anschaffungswert oder zum tieferen Marktwert berücksichtigt. Bei W und Y werden die Anschaffungswerte, bei X und Z die tieferen Marktwerte genommen, was zu einem Gesamtwert von TFr. 200 führt. Dieser Betrag erscheint in der Bilanz, die Wertanpassung von TFr. 30 (gegenüber dem Anschaffungswert = Buchwert) wird als Aufwand in der Erfolgsrechnung ausgewiesen.

Beispiel Bewertung Wertschriften aus dem Geschäftsbericht des Alusuisse-Lonza-Konzerns 1996

«Wertschriften sind marktgängige, leicht realisierbare Titel. Sie sind zum Anschaffungspreis, höchstens aber zum Börsenkurs bewertet.»

Langfristige Finanzanlagen

Auch hier bieten sich mehrere Bilanzierungsmöglichkeiten an:

Bewertungsmethode	Verbuchung der Wertanpassung
1 Anschaffungswert	Nur im Falle einer permanenten Wertverminderung erfolgswirksam
2 Verkehrswert (vgl. Beispiel Wertschriftenbewertung)	– Abnahmen erfolgswirksam – Zunahmen erfolgsneutral (Eigenkapital)
3 Niederstwert/Globalbewertung (für marktgängige Wertschriften)	Zunahmen (nur zum Ausgleich einer früheren Abnahme) und Abnahmen erfolgswirksam

Meistens entspricht «Verkehrswert» dem Marktwert, es sei denn, es besteht kein aktiver Markt für solche Anlagen.

Beispiel: Bewertung von langfristigen Finanzanlagen 31. 12. 1997
(Beträge in TFr.)

Anlage W ist nicht marktgängig (darf entweder zum Anschaffungs- oder zum Verkehrswert bilanziert werden).

Anlage	Anschaffungswert	Verkehrswert	Marktwert
W	20	70	–
X	25	21	21
Y	39	42	42
Z	14	11	11
Total	98	144	74

In der Bilanz per 31. 12. 1997 werden diese Finanzanlagen wie folgt ausgewiesen:

Methode 1
Zum Anschaffungswert von TFr. 98

Methode 2
Zum Verkehrswert von TFr. 144, die Wertanpassung erfolgt erfolgsneutral.

Methode 3
Zum Wert von TFr. 94 (= X, Y und Z zum Marktwert von 74, da dieser tiefer liegt als der Anschaffungswert von 78, plus W – da nicht marktgängig – zum Anschaffungswert von 20). Die Wertanpassung wird erfolgswirksam verbucht
oder zum Wert von TFr. 144 (= X, Y und Z zum Marktwert von 74, plus W zum Verkehrswert von 70).

Das IASC wird in den nächsten Jahren sicher versuchen, zwei spezifische Lücken im Standard über Finanzanlagen zu schliessen:

– Eine harmonisierte Behandlung von Finanzanlagen sowie von anderen Finanzinstrumenten (anstelle der eben beschriebenen ziemlich grossen Auswahl an Methoden);
– Die Behandlung von Derivatgeschäften.

Die Tendenz geht ganz klar dahin, alle Finanzinstrumente – inklusive Derivate – zum Verkehrswert zu bilanzieren, mit erfolgswirksamer Wertanpassung. Dieser Trend ist nicht unbestritten, da die erfolgswirksame Erfassung von höchst labilen, unrealisierten Kapital- und Finanzmarktgewinnen von vielen Fachleuten als schwerwiegender Verstoss gegen das Vorsichtsprinzip betrachtet wird. Die daraus entstehende Volatilität oder Unregelmässigkeit der ausgewiesenen Konzernergebnisse wird kaum bei allen Erstellern auf Freude stossen.

Ertragssteuern

IAS 12: Ertragssteuern. Der Standard wird revidiert und auf den 1.1.1998 in Kraft gesetzt. Die folgenden Erläuterungen beziehen sich auf diese revidierte Version.

Grundsatz

Das Hauptproblem beim Ausweis von Ertragssteuern liegt in der periodengerechten Abgrenzung. Bei der Berechnung von geschuldeten **Ertragssteuern** gemäss Steuergesetz werden viele Transaktionen anders behandelt als im nach IAS erstellten Abschluss, vor allem was den Zeitpunkt ihrer Erfassung anbelangt. IAS 12 verlangt, dass die **steuerliche Auswirkung** einer Transaktion im IAS-Abschluss in derselben Periode berücksichtigt werden soll wie die Transaktion selbst, auch wenn die einschlägigen Ertragssteuern erst in einer späteren Geschäftsperiode tatsächlich geschuldet werden. Dabei sind Rückstellungen für alle **zeitlich befristeten Unterschiede** zwischen Steuer- und IAS-Bilanz gemäss der **bilanzorientierten Verbindlichkeitsmethode** zu bilden, damit eine zeitliche Kongruenz der Transaktion und der damit verbundenen Ertragssteuern sichergestellt ist.

Laufende Ertragssteuern (gemäss Steuergesetz)

In der Schweiz verursacht die Vergangenheitsbemessung bereits eine Inkongruenz der in der Steuerperiode tatsächlich anfallenden Transaktionen und der geschuldeten Ertragssteuern. Für die beispielsweise 1997 im Kanton Aargau geschuldeten Ertragssteuern werden die Geschäftsjahre und somit die Transaktionen der Jahre 1995 und 1996 berücksichtigt. Für einen IAS-Abschluss müssen deshalb per Ende 1995 resp. 1996 Rückstellungen für die laufenden, aber erst im Jahre 1997 geschuldeten Ertragssteuern auf diesen Transaktionen gebildet werden. Mit dem Übergang zur einjährigen Veranlagung mit Gegenwartsbemessung werden aber solche Unterschiede zwischen Steuer- und IAS-Bilanz verschwinden.

Latente (aufgeschobene) Ertragssteuern

Eine weitere Dimension in der Problematik der Ertragssteuern stellen die zeitlich befristeten Unterschiede dar, die aus den unterschiedlichen Erfassungs- und Bewertungskriterien in der Steuer- und IAS-Bilanz stammen.

Beispiel: Ertragssteuern

Nehmen wir als Beispiel ein Unternehmen, das im IAS-Abschluss seine Software-Anschaffungen aktiviert und über 3 Jahre abschreibt, in der Steuerbilanz jedoch direkt als Aufwand verbucht. Bei einer Anschaffung von Fr. 6 Mio. per 1.1.1996 werden am 31.12.1996 im IAS-Abschluss ein Netto-

Aktivposten von Fr. 4 Mio. sowie ein Abschreibungsaufwand von Fr. 2 Mio. ausgewiesen. In der Steuerbilanz gibt es keinen Aktivposten, dafür aber einen Aufwand von Fr. 6 Mio. im Bemessungsjahr 1996. Durch die sofortige Abschreibung wurde ein tieferer Gewinn in der Steuerbilanz versteuert als im IAS-Abschluss ausgewiesen wird. In den nächsten zwei Jahren wird der IAS-Gewinn jedoch wegen der restlichen Abschreibungsraten tiefer als derjenige der Steuerbilanz liegen. Deshalb muss die Steuerersparnis gleichmässig wie die Abschreibung gemäss IAS verteilt werden.

Bei einem Steuersatz von 50% und sonstigem Gewinn vor Steuern in Höhe von Fr. 10 Mio. pro Jahr sieht die Rechnung wie folgt aus (Annahme: Gegenwartsbemessung):

	1996	1997	1998	Total
Laufende Steuern (wie veranlagt)				
Software-Aufwand	− 6	0	0	− 6
Sonstiger Gewinn	10	10	10	30
Steuerbarer Ertrag	4	10	10	24
Laufende Ertragssteuern				
zu 50% *(a)*	2	5	5	12
Rückstellung für latente Ertragssteuern (IAS-Abschluss)				
Bilanzwert des Aktivums per 31. 12.:				
– IAS-Bilanz	4	2	0	
– Steuerbilanz	0	0	0	
– Zeitlich befristete Unterschiede (zukünftig steuerbar)	4	2	0	
Darauf gem. IAS zurückzustellende latente Ertragssteuern zu 50%	2	1	0	
– Veränderung dieser Rückstellung, erfolgswirksam *(b)*	2	− 1	− 1	0
IAS-Erfolgsrechnung				
Software-Aufwand (Abschreibung)	− 2	− 2	− 2	− 6
Sonstiger Gewinn	10	10	10	30
Gewinn vor Steuern	8	8	8	24
Steueraufwand:				
– Laufende Ertragssteuern *(a)*	2	5	5	12
– Latente Ertragssteuern *(b)*	2	− 1	− 1	0
Gesamt	4	4	4	12
Reingewinn (Gewinn vor Steuern) minus Steueraufwand	4	4	4	12

Durch die Bildung und Auflösung der Rückstellung im IAS-Abschluss wird die steuerliche Auswirkung der zwischen Steuer- und IAS-Bilanz unterschiedlichen Bewertung der Software berücksichtigt. In der Erfolgsrechnung sieht man auch, wie dieses Verfahren zu einem Gesamtsteueraufwand führt, der die zeitliche Verteilung der damit verbundenen Aufwendungen (und Erträge) reflektiert.

Bilanzorientierte Verbindlichkeitsmethode

Die Abgrenzungsmethode, die IAS 12 für die Berücksichtigung der zeitlich befristeten Unterschiede vorschreibt, heisst «balance-sheet oriented comprehensive liability method»:

- **«balance-sheet oriented» (bilanzorientiert)**
  Die zeitlich befristeten Unterschiede werden aus der Steuer- und IAS-Bilanz (Aktiven und Passiven) ermittelt. Das heisst, die Unterschiede zwischen steuerbarem Ertrag und IAS-Gewinn vor Steuern sind nicht direkt massgebend.

- **«comprehensive» (alles umfassend)**
  Alle zeitlich befristeten Unterschiede zwischen Steuer- und IAS-Bilanzwerten fliessen in die Berechnung. Auch Unterschiede, die sich nicht in absehbarer Zeit angleichen und irgendwann zu einer Steuerzahlung führen werden, werden berücksichtigt.

- **«liability method» (Verbindlichkeitsmethode)**
  Die zeitlich befristeten Unterschiede werden in jeder Periode zum aktuellen Steuersatz bewertet.

Zeitlich befristete Unterschiede ergeben sich häufig aus folgenden Positionen:
- Sachanlagen: Unterschiedliche Abschreibungen in der Steuer- und IAS-Bilanz (durch Verwendung unterschiedlicher Abschreibungsmethoden und -sätze);
- Warenlager: «Warendrittel», d. h. Warenlagerrückstellung von 33⅓% des OR-Wertes (mit anderen Worten des Niederstwertes) in der Steuerbilanz zugelassen;
- Debitoren: Steuerlich zugelassene pauschale Wertberichtigungen (z. B. bei ausländischen Schuldnern −10%) im Gegensatz zum betriebswirtschaftlich notwendigen Betrag (IAS);
- Rückstellungen in einzelnen Ländern: Erst beim effektiven Eintreffen steuerlich abzugsfähig (z. B. Garantieleistungen in den USA);
- Neubewertung der einzelnen separat identifizierbaren Aktiven und Passiven einer übernommenen Gesellschaft, die steuerlich nicht berücksichtigt wird. Oft entstehen zeitlich befristete Unterschiede bei der Neubewertung der Aktiven und Passiven einer übernommenen Gesellschaft. Keine Rückstellungen sind jedoch bezüglich des steuerlich nicht abzugsfähigen Goodwills zu bilanzieren.

Zeitlich befristete Unterschiede führen nicht nur zu passiven Rückstellungen für latente Ertragssteuern, sondern sie können auch zu **latenten Steueraktiven** führen. Ein Beispiel dafür wäre eine für den IAS-Abschluss notwendige Rückstellung für Garantieleistungen, die von den amerikanischen Steuerbehörden nicht als Abzug akzeptiert wird. Solche latenten Steueraktiven dürfen normalerweise mit passiven Ertragssteuerrückstellungen verrechnet werden, insofern es sich um dieselbe Steuerhoheit und dasselbe Steuersubjekt handelt. Verbleibende latente Steueraktiven dürfen nur dann bilanziert werden, falls es wahrscheinlich ist, dass das Unternehmen inskünftig genügend steuerbare Erträge erwirtschaften wird, um die den Steueraktiven entsprechenden positiven Unterschiede zu absorbieren.

Unter gewissen Umständen lässt IAS 12 auch die Bilanzierung von Steueraktiven zu, die aus Verlusten in Vorjahren entstehen und die zur Reduktion des steuerbaren Ertrages und dadurch der Steuern in späteren Jahren benützt werden können (sog. «Verlustvorträge»). Diese zukünftigen Steuerersparnisse dürfen aktiviert werden, wenn deren Verwendungsmöglichkeit wahrscheinlich durch zukünftige Gewinne gesichert ist.

Mit wenigen Ausnahmen werden latente Steueraktiven und -rückstellungen erfolgswirksam (Steueraufwand) gebildet sowie aufgelöst. Wichtigste Ausnahmen sind:

– Übernahme (siehe S. 49). Dabei werden latente Steueraktiven und -rückstellungen als Teil des «purchase accounting» berücksichtigt (vgl. Abschnitt «Übernahmen und Fusionen» Seite 79).
– Transaktionen, die direkt ins Eigenkapital fliessen, z. B. Aufwertung von Sachanlagen. Die Nettozunahme der Neubewertungsreserve besteht aus der Zunahme der Werte der Sachanlagen abzüglich der damit verbundenen Ertragssteuerrückstellungen.

Beispiel Ertragssteuern aus dem Geschäftsbericht des Roche-Konzerns 1996

«Latente Ertragssteuern

Rückstellungen für latente Steuern werden gemäss der Comprehensive-liability-Methode gebildet. Diese berücksichtigt die ertragssteuerlichen Auswirkungen der Abweichungen zwischen den konzerninternen und den steuerlichen Vermögenswerten und Verbindlichkeiten. Die latenten Steuern auf diesen Abweichungen berechnen sich aufgrund der lokalen Steuergesetze und werden bei Gesetzesänderungen jeweils angepasst (…)

Latente Steuern beinhalten die zukünftigen steuerlichen Konsequenzen, welche sich aus der Differenz zwischen der Bewertung der Vermögenswerte und Verbindlichkeiten für Steuerzwecke und jener für die finanzielle Rechnungslegung und Berichterstattung ergeben. Die steuerlichen Konsequenzen aus der Veränderung dieser Bewertungsunterschiede während des Berichtsjahres werden der Erfolgsrechnung belastet (…)

Latente Ertragssteuern ergeben sich aus folgenden Positionen (in Millionen Franken):

	1996	1995
Sachanlagen	375	313
Immaterielles Anlagevermögen	729	603
Restrukturierungsrückstellungen	(74)	(137)
Sonstige Differenzen in der Bewertungsbasis, netto	205	343
Total latente Ertragssteuern	1 235	1 122

Pensionsverpflichtungen

IAS 19: Pensionsverpflichtungen

Grundsatz

Pensionszusagen verursachen einen wesentlichen Teil der Personalkosten eines Unternehmens. Die Erfassung in der Buchhaltung lässt aufgrund der grossen Zeitspanne zwischen Anfall der Verpflichtung und Auszahlung der Leistung einen beträchtlichen Interpretationsspielraum offen. Um diese Lücke zu schliessen, erliess das International Accounting Standard Committee den IAS 19.

Zweck des Standards ist es, die Kosten für Pensionszusagen über die Dienstjahre des Arbeitnehmers zu verteilen. Der Standard behandelt die verschiedenen **Arten von Vorsorgeplänen (Beitrags- oder Leistungsprimat),** legt fest, ob es sich um **ausgesonderte oder nicht ausgesonderte Pläne** handelt und geht auf die **versicherungsmathematischen Berechnungsmethoden** ein.

Normalerweise ergeben sich für Schweizerische Unternehmen keine wesentlichen Unterdeckungen in den Pensionsvorsorgeeinrichtungen gemäss IAS 19, da der höheren Verbindlichkeit oft Zwangsreserven auf den Aktiven gegenüberstehen. Wie Unterdeckungen zu passivieren sind, sind Überdeckungen zu aktivieren. Dabei ist jedoch, besonders bei schweizerischen Vorsorgeeinrichtungen, auf die Entstehung der Überdeckung und deren Verwendungsmöglichkeiten zu achten.

Die hauptsächlich im Ausland vorkommenden, sonstigen Zusagen des Arbeitgebers für Pensionäre, wie z. B. Krankenvorsorge, werden nicht explizit in diesem Standard behandelt. Der Standard sollte jedoch sinngemäss auch für solche Zusagen angewendet werden.

Auf IAS 26 «Rechnungslegung von Personalvorsorgeeinrichtungen» wird hier nicht eingegangen, da sich dieser Standard lediglich mit Buchführung der Personalvorsorgeeinrichtung beschäftigt und diese, wie es die Praxis zeigt, im Normalfalle nach den lokalen gesetzlichen Bestimmungen erstellt wird (in der Schweiz gemäss den Vorschriften des BVG usw.).

Arten von Vorsorgeplänen

Die Behandlung von Pensionsverpflichtungen gemäss IAS 19 hängt von der Art des Vorsorgeplans ab. Hierbei wird zwischen Beitrags- und Leistungsprimat unterschieden. Da ein BVG-Minimalplan Beitrags- sowie Leistungsprimatsmerkmale besitzt, ist es im Zweifelsfalle ratsam, einen Experten zu kontaktieren.

■ **Beitragsprimat («defined contribution plan»)**

Bei dieser Art von Vorsorgeplan berechnen sich die Ansprüche des Arbeitnehmers rein aus den von ihm und dem Unternehmen einbezahlten Sparanteilen und den Vermögenserträgen auf dem Sparanteil. Falls es sich um eine reine Spareinrichtung handelt, ist kein

versicherungstechnisches Gutachten notwendig; jedoch zieht man oft einen Pensions-
kassenexperten bei der Umwandlung des Sparkapitals in eine Rente bei.

- **Leistungsprimat («defined benefit plan»)**
  Die Pensionsansprüche des Arbeitnehmers werden bei dieser Art von Vorsorgeplan aufgrund einer Formel berechnet. Normalerweise stützt sich die Formel auf den Lohn und
die Beitragsjahre des Arbeitnehmers. Das Unternehmen berechnet die jährlichen Kosten,
basierend auf dem Barwert der versprochenen Leistungen.

Ausgesonderte und nicht ausgesonderte Vorsorgeeinrichtungen

In der Schweiz werden Leistungs- wie Beitragsprimatkassen normalerweise in der Form
von ausgesonderten Stiftungen errichtet, und die Vermögenswerte zur Abdeckung des
Anwartschaftsbarwertes werden vollständig eingebracht. In diesem Falle spricht IAS von
einem «funded plan»; sinngemäss, wenn nur teilweise eingebracht, von einem «partially
funded plan». Sogenannte «unfunded plan» kommen oftmals in Deutschland oder Japan
vor. Da die Vermögenswerte zur Deckung des Anwartschaftsbarwertes in solchen Fällen
nicht ausgesondert worden sind, muss das Unternehmen eine Rückstellung für die Pensionsverpflichtungen in die Bilanz aufnehmen.

Beispiel Vorsorgeeinrichtungen (Erläuterungen im Anhang) aus dem Geschäftsbericht des Roche-Konzerns 1996

Personalvorsorgeeinrichtungen:
*Die meisten Mitarbeiter sind durch Personalvorsorgeeinrichtungen versichert, die durch Konzern-
gesellschaften oder den jeweiligen Staat mitfinanziert werden. Die Leistungen dieser Einrichtungen
variieren je nach den rechtlichen, steuerlichen und wirtschaftlichen Gegebenheiten des jeweiligen
Landes. Eine Übersicht über den Status der wichtigsten Vorsorgeeinrichtungen ist nachstehend aufgeführt.*

	1996	1995
Ausgesonderte Pensionsvorsorgeeinrichtungen		
Anwartschaftsbarwert der Ansprüche ehemaliger		
und gegenwärtiger Mitarbeiter	*6495*	*5502*
Vermögen der Vorsorgeeinrichtungen in Stiftungen		
zum Verkehrswert	*6655*	*5556*
Vermögensüberschuss	*160*	*54*

	1996	1995
Nicht ausgesonderte Pensionsvorsorgeeinrichtungen		
Anwartschaftsbarwert der Ansprüche ehemaliger		
und gegenwärtiger Mitarbeiter		
(in den Verbindlichkeiten der Konzernrechnung berücksichtigt)	*562*	*529*

Die 1996 erfolgswirksam erfassten Kosten für Personalvorsorgeeinrichtungen betrugen 193 Millionen Franken gegenüber 207 Millionen Franken im Jahre 1995. Die grundsätzlichen Annahmen der versicherungstechnischen Bewertungen sind für die einzelnen Einrichtungen unterschiedlich, da sie unter Berücksichtigung lokaler Bedingungen festgesetzt werden. Für 1996 sieht die Bandbreite der getroffenen Annahmen wie folgt aus:

Diskontsätze	*5–8%*
Zukünftige Wachstumsraten der Entschädigungen	*3–7,5%*
Erwartete Renditen der Vorsorgeeinrichtungen	*5,5–9,5%*

Versicherungsmathematische Berechnungsmethoden

Hauptsächlich um den Unternehmen zu ermöglichen, die Beitragshöhe für die Leistungsprimatkassen zu berechnen, wurden eine ganze Anzahl von Berechnungsmethoden entwickelt. Die zwei gemäss IAS 19 erlaubten Methoden eignen sich besonders zur periodengerechten Erfassung des Pensionsvorsorgeaufwandes.

- **Bevorzugte Methode («benchmark treatment»): accrued benefit method**

Hierbei handelt es sich um die sogenannte «accrued benefit valuation method». Diese Methode stützt sich auf die Basis der vom Angestellten bis zum Zeitpunkt der Erstellung des Gutachtens geleisteten Beitragsjahre resp. der bis dahin erworbenen Ansprüche. Daraus folgt, dass die Anwartschaftsbarwerte aufgrund der vom Angestellten zum Zeitpunkt der Berechnung erworbenen Ansprüche auf das Pensionsalter hochgerechnet werden. Als Folge steigen die jährlichen Kosten mit fortschreitendem Alter an, da sich ja auch die erworbenen Ansprüche aufgrund der Zunahme der geleisteten Dienstjahre erhöhen.

- **Erlaubte alternative Methode («allowed alternative treatment»): projected benefit method**

Die sogenannte «projected benefit valuation method» stützt sich bei der Berechnung der Anwartschaft nicht nur auf die bis zum Berechnungszeitpunkt erworbenen Ansprüche, sondern auch auf die bis zum Rentenalter wahrscheinlich erworbenen Ansprüche. Die berechnete Anwartschaft wird um die geschätzte Fluktuationsrate korrigiert.

Für diese beiden Methoden gibt es verschiedene versicherungsmathematische Berechnungsarten. Bei der «accrued benefit valuation method» ist die am häufigsten verwendete Methode die sogenannte «projected unit credit method». IAS 19 erwähnt für die «projected benefit valuation method» die «entry age normal method», «individual level premium method», «aggregate method» und die «attained age normal method» als die vier am häufigsten verwendeten. Für Interessierte muss hier auf die Spezialliteratur für Versicherungsmathematik verwiesen werden.

Im Beispiel «Vorsorgeeinrichtungen aus dem Geschäftsbericht des Roche-Konzerns» ist der Ausweis der Informationen über Pensionsvorsorgeeinrichtungen im Anhang des Roche-

Konzerns dargestellt. Gemäss IAS muss jedoch auch die allgemeine Buchführungspraxis für Pensionsvorsorgeeinrichtungen in den Rechnungslegungsgrundsätzen, die ebenfalls Bestandteil des Anhangs sind, umschrieben werden.

Beispiel Vorsorgeeinrichtungen (Umschreibung allgemeine Buchführungspraxis im Anhang) aus dem Geschäftsbericht des Roche-Konzerns 1996

Personalvorsorgeeinrichtungen

In den meisten grossen Konzerngesellschaften bestehen Vorsorgeeinrichtungen basierend auf der Beschäftigungsdauer und dem Lohn bzw. Gehalt im Zeitpunkt der Pensionierung. Diese Einrichtungen sind in der Regel unabhängige Stiftungen und werden meistens durch Arbeitnehmer- und Arbeitgeberbeiträge finanziert. Falls aufgrund von lokalen Bedingungen keine spezielle, vom Konzern unabhängige Vorsorgeeinrichtung ausgesondert wurde, weist die Bilanz eine entsprechende Verbindlichkeit aus. Beide Arten von Vorsorgeeinrichtungen werden üblicherweise jährlich durch unabhängige Versicherungsexperten bewertet. Die Summe der jährlichen Kosten für Vorsorgeeinrichtungen werden durch zeitanteilige Bewertungsmethoden bestimmt, welche die Dienstjahre der Mitarbeiter bis zum Bewertungsdatum berücksichtigen. In die Bewertungsmethode werden versicherungstechnische Annahmen hinsichtlich des Abzinsungsfaktors zur Berechnung des Barwertes, der projektierten inskünftigen Entwicklung der Mitarbeiterentschädigungen sowie der langfristig erwarteten Rendite der Vermögenswerte der Vorsorgeeinrichtungen einbezogen. Abweichungen zwischen getroffenen Annahmen und tatsächlicher Entwicklung, Auswirkungen veränderter versicherungstechnischer Annahmen sowie Anpassungen von Vorsorgeplänen werden über die geschätzte durchschnittlich verbleibende Beschäftigungsdauer zeitanteilig belastet.

54

Aufwendungen und Erträge

IAS 8: Periodenerfolg, Grundsatzfehler und Wechsel der Bewertungsmethoden
IAS 10: Eventualverbindlichkeiten und Ereignisse nach dem Bilanzstichtag
IAS 18: Erfassung von Erträgen

Grundsatz

IAS 8 schreibt die Klassifizierung, Offenlegung und Rechnungslegung von gewissen erfolgswirksamen Posten vor. Insbesondere wird die Klassifizierung von ordentlichem und **ausserordentlichem Erfolg** definiert. Weiter regelt IAS 8 die Behandlung von **Grundsatzfehlern** im Jahresabschluss und die notwendigen Angaben bei einem **Wechsel der Bewertungsmethoden** sowie bei **eingestellten Betriebstätigkeiten.**
IAS 10 gibt Anleitung, in welchen Fällen eine Rückstellung für drohende Verluste gebildet werden muss und wann es sich lediglich um eine offen zu legende **Eventualverbindlichkeit** handelt. Zusätzlich geht der Standard auf die Behandlung von **Ereignissen nach dem Bilanzstichtag** ein.
IAS 18 regelt die einheitliche und periodengerechte **Erfassung und Abgrenzung von Erträgen** in der Jahresrechnung eines Unternehmens. Als Grundlage für den Wert des erzielten Erlöses gilt der Verkehrswert («fair value») der Gegenleistung, die das Unternehmen erhält.

Ausserordentliche Erfolge (IAS 8)

Ausserordentliche Erfolge («extraordinary items») müssen **in der Erfolgsrechnung** vom Erfolg aus ordentlicher Betriebstätigkeit getrennt ausgewiesen werden. Wegen der sehr engen Definition von «ausserordentlich» in IAS 8 kommen sie äusserst selten vor. Der Standard gibt als Beispiele für ausserordentliche Aufwände die Kosten von Schäden aus Naturkatastrophen und die Enteignung von Aktiven an. Als Beispiel eines ausserordentlichen Ertrages kann die Rückgabe der von kommunistischen Regierungen enteigneten Aktiven genannt werden. Im Falle eines ausserordentlichen Erfolgs müssen Art und Betrag des Erfolges separat erläutert werden.
Falls ein einzelner **ordentlicher** Aufwands- oder Ertragsposten eine bestimmte Wesentlichkeit und sonstige Besonderheit aufweist und für die Beurteilung der Finanzlage des Unternehmens durch den Bilanzleser wichtig ist, muss der Posten separat ausgewiesen und gegebenenfalls weitergehend erläutert werden. Die Abschreibung des Warenlagers oder Anlagevermögens auf den netto realisierbaren Wert wäre ein möglicher Fall.

Eingestellte Betriebstätigkeiten bzw. aufzugebende Tätigkeiten (IAS 8)

IAS 8 verlangt Angaben über eingestellte Betriebstätigkeiten («discontinued operations»). Zuerst gilt zu unterscheiden, ob man sich von einer **ganzen** Betriebstätigkeit oder lediglich von einigen Tochtergesellschaften trennt. Um eine Tätigkeit als «Betriebstätigkeit» im Sinne von IAS 8 zu qualifizieren, muss es sich nicht um ein ganzes Segment, wie in IAS 14 festgelegt, handeln, da sich ein Segment aus mehreren ähnlichen Betriebstätigkeiten zusammensetzen kann. Falls die Einstellung eine ganze Anzahl von Betriebstätigkeiten betrifft, muss für jede eingestellte Betriebstätigkeit einzeln, Folgendes offen gelegt werden:

– Das Tätigkeitsgebiet der eingestellten Betriebstätigkeit.
– In welchen Segmenten (nach Regionen und Divisionen) die Ergebnisse der Betriebstätigkeit gemäss IAS 14 berichtet werden.
– Ab wann die Betriebstätigkeit für Buchführungszwecke als «eingestellt» gilt.
– Den Gewinn oder Verlust der durch die Aufgabe der Betriebstätigkeit entstanden ist sowie die verwendeten Berechnungs- und Buchführungsgrundsätze.
– Den Umsatz und den Gewinn oder Verlust, den diese Betriebstätigkeit aus ordentlicher Tätigkeit erwirtschaftet hätte, samt Vorjahreszahlen.

Im Normalfalle wird ein solcher Erfolg aus Aufgabe einer Betriebstätigkeit in das ordentliche Betriebsergebnis aufgenommen. In Ausnahmefällen darf der Erfolg jedoch auch als ausserordentlich dargestellt werden. Das IASC ist jedoch daran, die Vorschriften bezüglich der Bilanzierung und der Offenlegung solcher Transaktionen zu verschärfen.

Beispiel: Eingestellte Betriebstätigkeiten

Der Verwaltungsrat des Gamma-Konzerns hat am 30. November 1996 definitiv entschieden, die Walzstahlproduktion einzustellen. Mit der Einstellung soll sofort begonnen werden, jedoch wird es bis zur endgültigen Stilllegung Herbst 1997 werden. Die Aktiven können zwar teilweise, aber zu einem unter dem Buchwert liegenden Preis verkauft werden.

	Mio. Fr.
Erwarteter Verlust aus dem Verkauf der Aktiven (Buchwert abzüglich geschätzter Verkaufserlös)	80
Verlust aus ordentlicher Betriebstätigkeit bis zum endgültigen Stilllegungsdatum (muss vom Konzern gedeckt werden)	30
Abgangsentschädigung der zu entlassenden Angestellten (nicht im oben genannten Betriebsverlust enthalten)	52
Verlust aus Aufgabe der Betriebstätigkeit	162

Die 162 Millionen Franken werden vollständig zurückgestellt und als ordentlichen Aufwand in der Erfolgsrechnung 1996 ausgewiesen.

Grundsatzfehler (IAS 8)

Jede Buchhaltung basiert auf Schätzungen. Im Nachhinein kann sich eine Schätzung als falsch entpuppen, z.B. weil Debitorenverluste oder der Schadenbetrag aus einer Haftpflichtklage effektiv höher oder tiefer ausfallen als vermutet wurde. Die entsprechende Berichtigung von einer solchen **Fehlschätzung** in den Vorjahren wird normalerweise in der Erfolgsrechnung des laufenden Jahres berücksichtigt. Falls diese Änderung einen wesentlichen Einfluss auf das Ergebnis des Unternehmens hat, muss der Betrag sowie die Art der Änderung erläutert werden.

Die gleiche Regelung gilt auch für die Berichtigung von Fehlern aus den Vorjahren, z.B. von mathematischen Fehlern. In seltenen Fällen kommt es aber vor, dass die diesjährigen und die Vorjahresbilanzen aufgrund der Wesentlichkeit des Fehlers ihre Aussagekraft verloren haben. Hier spricht man von **Grundsatzfehlern,** wie z.B. bei einer Unterschlagung im Ausmasse derjenigen bei der Barings Bank (Singapur-Fall). Solche sind gemäss IAS 8 wie folgt zu behandeln:

- **Bevorzugte Methode («benchmark treatment»)**

  Der aus der Korrektur hervorgehende, zu ändernde Betrag, der die Vorjahre betrifft, muss über das Eigenkapital der Eröffnungsbilanz korrigiert werden («adjustment of retained earnings»). Die Vorjahreszahlen sollten ebenfalls korrigiert werden, ausser dies wäre schwierig und unpraktisch. Im Anhang muss die Sachlage, der korrigierte Betrag fürs laufende Jahr und der Vorjahre, und ob die Vorjahre korrigiert wurden oder nicht, erläutert werden.

- **Erlaubte alternative Methode («alternative allowed method»)**

  Der Gesamtbetrag der Korrektur resp. der Änderung wird in die diesjährige Erfolgsrechnung gebucht. Das Vorjahr wird unverändert dargestellt. Zusätzlich sollte im Anhang dieselbe Information wie bei der bevorzugten Methode erläutert werden, ausser es wäre schwierig und unpraktisch.

Wechsel der Bewertungsmethoden (IAS 8)

Bei der Einführung eines neuen oder revidierten IAS wird oftmals in den darin enthaltenen Übergangsbestimmungen festgelegt, wie allfällige Auswirkungen des Wechsels von der aktuellen zur neuen Bewertungsmethode zu behandeln sind. Ist das nicht der Fall, gilt dasselbe Vorgehen wie bei der Korrektur von Grundsatzfehlern (siehe bevorzugte Methode: Korrektur über Eigenkapital, erlaubte alternative Methode: über die diesjährige Erfolgsrechnung). Dies trifft auch im Falle eines von der Geschäftsleitung beschlossenen Wechsels der Bewertungsmethoden zu, obschon ein solcher Wechsel nur in seltenen Fällen vorgenommen werden sollte (Stetigkeitsprinzip).

Beispiel: Wechsel der Bewertungsmethoden
(Beträge in Mio. USD)

Die US-Tochtergesellschaft eines Konzerns gewährt ihren Pensionierten gewisse Krankenversicherungsleistungen. Bisher wurden die effektiven Zahlungen für diese Verpflichtungen jeweils erfolgswirksam behandelt. Per 1. 1. 1996 beschliesst die Konzernleitung, angesichts der internationalen Entwicklungen zu diesem Thema, ihre Bewertungsmethode zu ändern und die voraussichtlichen Aufwendungen für diese Leistungen – wie für die Pensionen – während der Dienstjahre der Mitarbeiter zeitanteilig zurückzustellen. Die dazu nötige Rückstellung, die am 1. 1. 1996 gebildet wird, beträgt 60. Am 31. 12. 1995 hatte die Konzernbilanz Aktiven von 800 und Fremdkapital von 320 gezeigt. In der Konzernrechnung 1996 könnte der Wechsel der Bewertungsmethode wie folgt ausgewiesen werden:

a) über Eigenkapital im Vorjahr	1996	1995	
Aktiven	840	800	
Fremdkapital (inkl. Rückstellungen, Vorjahr geändert)	400	380	(320+60)
Eigenkapital (Vorjahr geändert)	440	420	(480–60)
Konzerngewinn des Jahres	40	40	

oder

b) erfolgswirksam	1996	1995
Aktiven	840	800
Fremdkapital	400	320
Eigenkapital	440	480
Gewinn vor Änderung der Bewertungsmethode	40	40
Änderung der Bewertungsmethode (Leistungen an Pensionierte)	– 60	0
Konzerngewinn des Jahres	– 20	40

Eventualverbindlichkeiten (IAS 10)

Eventualverbindlichkeiten sind Tatbestände, die am Jahresende bestehen und aufgrund zukünftiger Ereignisse in einem Gewinn oder Verlust resultieren können, z. B. hängige Gerichtsverfahren. Unsichere Verluste sind nur zurückzustellen, falls folgende Bedingungen erfüllt sind:

– Das Ereignis und deshalb der Verlust werden wahrscheinlich eintreten («probable»).
– Eine vernünftige Schätzung («reasonable estimate») der Höhe des Verlustes ist möglich.

Falls diese Bedingungen nicht erfüllt sind, ist das Ereignis im Anhang offen zu legen (ohne Rückstellung).
Unsichere Gewinne dürfen nicht in der Erfolgsrechnung berücksichtigt werden. Sie müssen aber im Anhang erwähnt werden, wenn ihr Eintreffen als wahrscheinlich gilt und die Höhe des Gewinnes vernünftig geschätzt werden kann.

Ereignisse nach dem Bilanzstichtag (IAS 10)

Positive oder negative Ereignisse nach dem Bilanzstichtag, die vor Erstellung der Jahresrechnung resp. Abgabe des Revisionsberichtes zu Tage getreten sind, sind offen zu legen, falls sie wichtig sind, beispielsweise die Übernahme eines anderen Unternehmens. Falls die Ursache eines Ereignisses noch im alten Jahr lag und ein Verlust entstand, muss eine Rückstellung in der alten Jahresrechnung vorgenommen werden. Entstand ein Gewinn, so darf dieser nicht im alten Jahr berücksichtigt werden.

Beispiel Ereignis nach dem Bilanzstichtag aus dem Geschäftsbericht des Intershop-Konzerns 1995

31 Ereignisse nach dem Bilanzstichtag
Anfang Januar 1996 konnten wir das EPA-Gebäude, Aarau, mit einem Gewinn verkaufen. Ebenfalls zu Beginn des Jahres 1996 wurden rund 10% des Kaufhauses Horten im Main-Taunus-Zentrum veräussert. Aus den Verkäufen wird ein Kapitalgewinn von CHF 8.0 bis 9.0 Mio. nach Steuern resultieren. Im weiteren laufen konkrete Verkaufsverhandlungen für unsere Beteiligung am Shopping City Süd.
Am 27. März 1996 wurde die Gesellschaft informiert, dass der BZ Bank, Zürich, für die kommende Generalversammlung Vollmachten über 662027 Inhaberaktien der Intershop Holding AG erteilt wurden. Die Auswirkungen dieser Vollmachtserteilung können aus heutiger Sicht nicht abschliessend beurteilt werden.

Erfassung von Erträgen (IAS 18)

Dieser Standard behandelt sowohl die Erfassung als auch die Abgrenzung von Erträgen und gilt für die folgenden Ertragsarten:

– Erträge aus Lieferungen (Warenverkäufe) und Leistungen (Dienstleistungsertrag).
– Erzielter Ertrag aus Überlassung von Vermögenswerten des Unternehmens, wie z.B. Zins-, Lizenz- und Dividendenerträge.

Im Wesentlichen unterscheidet sich IAS 18 lediglich bei den Erlösen aus Leistungen von den schweizerischen Vorschriften, da die «percentage of completion method» (vgl. Langfristige Fertigungsaufträge, S. 41) angewendet werden muss.

Fremdwährungsumrechnung

IAS 21: Fremdwährungsumrechnung
IAS 29: Rechnungslegung in Hochinflationsländern

Grundsatz

Im Einzelabschluss werden **Transaktionen in Fremdwährungen** zum Tageskurs (Wechselkurs) umgerechnet. Am Jahresende müssen dann monetäre Bilanzpositionen in Fremdwährungen an den Bilanzstichtagskurs angepasst werden. Die daraus entstehenden Differenzen sowie diejenigen, die zwischen Erfassung und Realisierung (Zahlung) entstehen, werden mit wenigen **Ausnahmen** erfolgs**wirksam** gebucht – sowohl Gewinne als auch Verluste.

Bei der **Umrechnung von der ganzen Jahresrechnung** einer in Fremdwährung abrechnenden Gesellschaft zwecks Eingliederung in die Konzernrechnung werden Aktiven und Passiven zum Bilanzstichtagskurs umgerechnet, die Erfolgsrechnung hingegen (in der Praxis) zum Durchschnittskurs des Jahres. Daraus entstehende Differenzen werden erfolgs**neutral** im Eigenkapital verbucht.

Fremdwährungstransaktionen der Einzelgesellschaft (IAS 21) – Grundregel

Bei der Erfassung einer Fremdwährungstransaktion in der Buchhaltung einer Einzelgesellschaft wird der Fremdwährungsbetrag zum aktuellen Tageskurs im Zeitpunkt der Transaktion umgerechnet. Laut IAS 21 darf auch ein Durchschnittskurs (z. B. des Monats) einfachheitshalber für diese Umrechnung verwendet werden.

Am Jahresende müssen monetäre Bilanzposten zum Bilanzstichtagskurs neu bewertet und erfolgswirksam angepasst werden. Monetäre (geldwerte) Posten sind Geld sowie andere Aktiven und Passiven, die als bestimmte oder bestimmbare Geldbeträge zu erhalten resp. zu bezahlen sind. Nichtmonetäre Posten werden nicht angepasst.

Sonstige Differenzen, die auf monetären Positionen zwischen Erfassung und Realisierung resp. Zahlung entstehen, müssen auch erfolgswirksam ausgebucht werden.

Beispiel: Fremdwährungstransaktionen

A AG kauft Waren von B Inc. in den USA. Die Rechnung über USD 10000.– wird bei Erhalt der Waren am 1. 12. 1995 zum aktuellen Tageskurs von USD 1 = CHF 1,175 verbucht:

Vorräte/Kreditoren   11750

Die Rechnung muss erst am 31. 1. 1996 beglichen werden. Inzwischen schliesst A AG ihr Geschäftsjahr ab. In der Jahresrechnung wird der monetäre Posten «Kreditoren» auf den Bilanzstichtagskurs von USD 1 = CHF 1,15 angepasst (keine Anpassung des nichtmonetären Postens «Vorräte»!):

Kreditoren/Wechselkursgewinne (Erfolgsrechnung) 250 (= 11750–11500)

Um die Rechnung zu zahlen, kauft A AG am 31. 1. 1996 bei der Bank USD 10000.– zu einem Kurs von USD 1 = CHF 1,205. Der Unterschied zwischen dem Buchwert der Verbindlichkeit (CHF 11500.–) und dem effektiv bezahlten Geldbetrag (CHF 12050.–) wird erfolgswirksam ausgebucht:

Kreditoren/Bank	11500
Wechselkursverluste/Bank	550 (= 12050–11500)

Bei diesem Beispiel ist zu beachten, dass gemäss IAS 21 auch unrealisierte Kursgewinne in die Erfolgsrechnung fliessen sollen! Ein gutes Beispiel der Tendenz der IAS, sich weg vom Vorsichtsprinzip (Imparitätsprinzip) in Richtung Neutralität, «true and fair view» und aktuelle Werte zu entwickeln, im Gegensatz zu den traditionellen schweizerischen Usanzen.

Fremdwährungstransaktionen der Einzelgesellschaft (IAS 21) – Ausnahmen

■ **Wechselkursabsicherungsgeschäfte («hedging»)**

Ein neuer IAS betreffend Finanzinstrumente, der u. a. die Behandlung von «hedging»-Geschäften (inkl. Fremdwährungsterminverträge und -optionen) regeln soll, ist in der Diskussionsphase. Deshalb schweigt der auf den 1.1.1995 revidierte IAS 21 zu diesem Thema. Als vorläufige Lösung akzeptiert das IASC aber die heutige Praxis, Gewinne und Verluste auf Wechselkursabsicherungsgeschäften zurückzustellen, bis die entsprechenden Verluste und Gewinne auf die abgesicherten Positionen erfolgswirksam verbucht werden. Diese paritätische Behandlung führt dazu, dass der Gewinn resp. Verlust auf ein Absicherungsgeschäft effektiv den Verlust resp. Gewinn auf die abgesicherte Position ausgleicht, was dem finanziellen Zweck des Geschäftes entspricht.

■ **Wechselkursgewinne und -verluste**

Allfällige Wechselkursgewinne und -verluste auf **langfristige Fremdwährungsdarlehen,** die eine Beteiligung im Ausland in derselben Währung finanzieren, müssen bis zur Veräusserung der Beteiligung erfolgs**neutral** im Eigenkapital erfasst werden.

Beispiel: Fremdwährungsdarlehen zur Finanzierung einer ausländischen Beteiligung

Am 1. 10. 1995 übernimmt A AG eine englische Gesellschaft und finanziert die Akquisition durch ein langfristiges Bankdarlehen von GBP 10 Mio. zum Tageskurs von GBP 1 = CHF 1,82. Die Buchung lautet:

Beteiligungen/Darlehen 18200000

Am Jahresende liegt der Wechselkurs bei GBP 1 = CHF 1,78. Der Posten «Darlehen» wird im Jahresabschluss um Fr. 400000.– auf Fr. 17800000.– reduziert. Die Anpassung erfolgt aber erfolgsneutral über das Eigenkapitalkonto «Umrechnungsdifferenzen» («cumulative translation adjustments»):

Darlehen/Umrechnungsdifferenzen (Eigenkapital) 400000

Wechselkursgewinne und -verluste auf **monetären Positionen,** die substanziell einen Teil der Nettoinvestition an einer ausländischen Gesellschaft darstellen, müssen auch erfolgsneutral behandelt werden.

Beispiel: Monetäre Positionen

Aus finanzpolitischen Gründen gewährt A AG ihrer neu gegründeten französischen Tochtergesellschaft F SA ein nachrangiges langfristiges Darlehen in FRF. Weil dieses Darlehen effektiv einen Teil der Nettoinvestition von A AG an F SA bildet, werden daraus entstehende Wechselkursdifferenzen bei A AG erfolgs**neutral** verbucht, wie im vorhergehenden Beispiel. Falls F SA abgestossen würde, müssten aber alle aufgelaufenen Wechselkursdifferenzen, die bisher im Eigenkapital gesammelt wurden, zu diesem Zeitpunkt erfolgswirksam ausgebucht werden.

Beispiel Bewertung von Fremdwährungstransaktionen aus dem Geschäftsbericht des Alusuisse-Lonza-Konzerns 1996

«Transaktionen in Fremdwährungen werden zum Tageskurs zum Zeitpunkt der Transaktion umgerechnet. Kursgewinne und -verluste, die sich aus Transaktionen in Fremdwährungen ergeben, werden erfolgswirksam erfasst. Die zum 31. Dezember in Fremdwährung gehaltenen monetären Aktiven und Passiven werden zum Jahresendkurs umgerechnet. Die aus dieser Umrechnung entstehenden Gewinne und Verluste fliessen in die Erfolgsrechnung.»

Umrechnung von Jahresrechnungen in fremden Währungen (IAS 21)

Eine Gesellschaft mit ausländischen Tätigkeiten wird diese meistens über eine Tochtergesellschaft im betroffenen Land abwickeln. Um eine konsolidierte Rechnung in der eigenen Währung erstellen zu können, wird sie die Jahresrechnung dieser Tochtergesellschaft von deren Landeswährung in die eigene umrechnen müssen. Diese Umrechnung erfolgt normalerweise aufgrund der Annahme, dass die Tochtergesellschaft eine autonome Existenz führt. Im Falle der US-Tochter einer schweizerischen Gesellschaft würde diese Umrechnung als Beispiel wie folgt durchgeführt:

– Die einzelnen Aktiv- und Fremdkapitalposten der Bilanz der Tochtergesellschaft werden zum Tageskurs USD/CHF am Bilanzstichtag umgerechnet.
– Die Posten der Erfolgsrechnung werden zum Jahresdurchschnittskurs umgerechnet.
– Allfällige Differenzen, die aus dieser Umrechnung entstehen, werden als «Umrechnungsdifferenzen» («cumulative translation adjustments») direkt im Eigenkapital gebucht.
– Falls die Tochtergesellschaft irgendwann abgestossen wird, müssen die einschlägigen, aufgelaufenen Umrechnungsdifferenzen aus dem Eigenkapital in die Erfolgsrechnung umgebucht werden.

In Bezug auf den letzten Punkt muss man sich bewusst sein, dass es manchmal in der Praxis sehr schwierig – sogar unmöglich – ist, solche Umrechnungsdifferenzen bis weit in die Vergangenheit zurückzuverfolgen.

Beispiel: Umrechnung von Jahresrechnungen in fremder Währung
(Beträge in Tausend)

Am 31. 12. 1994 gründet A AG eine US-Tochtergesellschaft B Inc. mit einem Aktienkapital von USD 10 000. An demselben Tag kauft diese ein Grundstück zum Preis von USD 10 000. Der Tageskurs am 31. 12. 1994 ist USD 1 = CHF 1,31, so dass diese beiden Beträge von USD 10 000 je einem Gegenwert von CHF 13 100 entsprechen. 1995 erwirtschaftet B Inc. einen Reingewinn von USD 400 durch die Vermietung dieses Grundstückes. Am 31. 12. 1995 beträgt der Tageskurs USD 1 = CHF 1,15, der Jahresdurchschnittskurs 1995 USD 1 = CHF 1,18. Die zwecks Konsolidierung in Schweizer Franken umgerechnete Bilanz von B Inc. am 31. 12. 1995 sieht wie folgt aus:

	USD	Kurs	CHF
Grundstück	10 000	1,15	11 500
Andere Aktiven, netto	400	1,15	460
TOTAL NETTOVERMÖGEN	10 400		11 960
Aktienkapital	10 000	1,31	13 100
Umrechnungsdifferenzen			**– 1 612**
Jahresgewinn	400	1,18	472
TOTAL EIGENKAPITAL	10 400		11 960

Die Umrechnungsdifferenzen von CHF **1612** bestehen aus

– der Wertverminderung auf dem Anfangsnettovermögen der B Inc. (effektiv auf dem Grundstück) für die in Schweizer Franken abrechnende A AG durch die Entwertung des Dollars gegenüber dem Schweizer Franken um CHF 0,16 (1,31–1,15)
= USD 10 000 x 0,16 = – **CHF 1600**
– der Wertverminderung auf dem Jahresgewinn der B Inc., die durch das Jahr hindurch erzielt wurde (Durchschnittskurs CHF 1,18), aber am Jahresende in Schweizer Franken weniger wert ist (Tageskurs CHF 1,15, d.h. 0,03 tiefer)
= USD 400 x 0,03 = – **CHF 12**

Umrechnungsdifferenzen, die in folgenden Jahren anfallen, werden mit diesem Betrag im Eigenkapital kumuliert.

Im Gegensatz zur Situation einer **autonomen** ausländischen Tochtergesellschaft oder anderen juristischen Einheit («foreign entity») gibt es auch ausländische Niederlassungen, die effektiv nur einen **integralen** Bestandteil – oder «verlängerten Arm» – der Muttergesellschaft bilden («integral foreign operations»). Zwecks Konsolidierung werden die Transaktionen solcher Einheiten so umgerechnet, als ob sie tatsächlich in der Muttergesellschaft selber stattgefunden hätten. Bei grösseren schweizerischen Konzernen kommt diese Situation jedoch relativ selten vor.

Ein weiterer Sonderfall ist die Umrechnung der Jahresrechnung einer ausländischen Tochtergesellschaft, die in der Währung eines Hochinflationslandes abrechnet. Ein wichtiges Kennzeichen eines solchen Landes ist, dass ihre kumulative Teuerungsrate über drei Jahre 100% übersteigt. Als zuverlässige Messeinheit ist eine solche Währung natürlich beschränkt. Deshalb muss eine Jahresrechnung in solch einer Währung vor der Umrechnung zuerst angepasst werden, indem alle enthaltenen Finanzdaten in konstante Geldeinheiten konvertiert werden, z. B. durch Indexierung. Erst dann erfolgt die Umrechnung zum Jahresendkurs. Der Titel des IAS 29, «Rechnungslegung in Hochinflationsländern», ist aber etwas irreführend: Die obige, darin vorgeschriebene Methodik muss nämlich nicht für die Umrechnung von **allen** Jahresrechnungen aus solchen Ländern angewandt werden, sondern nur für die Umrechnung von Jahresrechnungen, die in der **Währung** solcher Länder erstellt werden. Häufig werden die Jahresrechnungen von Tochtergesellschaften in solchen Ländern vorweg in US-Dollar oder in sonst einer «Hartwährung» erstellt, was dieses Prozedere erübrigt.

Beispiel Umrechnungspolitik aus dem Geschäftsbericht des Nestlé-Konzerns 1996

«In der Konzernrechnung werden die Aktiven und Passiven der ausländischen Beteiligungsgesellschaften zum Jahresendkurs in Schweizer Franken umgerechnet. Die Umrechnung der Erfolgsrechnung erfolgt zum durchschnittlichen Wechselkurs der Berichtsperiode oder, für bedeutende Beträge, zu Transaktionskursen, sofern diese bekannt oder bestimmbar sind.

Die aus Wechselkursveränderungen gegenüber dem Vorjahr entstehenden Umrechnungsdifferenzen auf dem Nettovermögen sowie Umrechnungsdifferenzen, die sich bei der Berechnung des Ergebnisses der Gruppe zu Durchschnitts- oder Transaktionskursen und zu Jahresendkursen ergeben, werden mit dem konsolidierten Eigenkapital verrechnet.

Die Jahresrechnungen von Gesellschaften in Hochinflationsländern werden, vor ihrer Umrechnung zu Jahresendkursen, um die Inflationseffekte bereinigt, wobei offizielle Indexe am Jahresende verwendet werden.»

Konzernrechnung

IAS 27: Konzernrechnung

Grundsatz

Jede Gesellschaft, die Kontrolle («Control») über eine oder mehrere Gesellschaften ausübt, muss eine Konzernrechnung im Sinne dieses Standards erstellen. Eine Unternehmung
verfügt dann über eine solche Kontrolle, wenn sie über die finanzielle und operative Politik
eines anderen Unternehmens entscheiden kann und ihr auch ein Nutzen daraus zufliesst.
IAS 27 behandelt den **Konsolidierungskreis** und die **Konsolidierungsmethode.** Weder
die Berechnung des Goodwills noch die sonstigen Buchführungsmethoden bezüglich der
Behandlung von Beteiligungen an Assoziierten- und Gemeinschaftsunternehmen werden
von IAS 27 behandelt. Auf diese Fragen geben die IAS 22, 28 und 31 (siehe Seiten 79ff., 69ff. und 74ff.) Auskunft.
Zur Erstellung der Konzernrechnung werden die einzelnen Positionen der Jahresrechnung
von Mutter und Töchtern, Position für Position, zusammengezählt. Die Konzernrechnung
der Gruppe muss die Finanzinformationen so liefern, als wäre es eine einzige grosse
Gesellschaft.
Des weiteren behandelt dieser Standard die Buchführung von Beteiligungen an Tochterunternehmen im Einzelabschluss der Muttergesellschaft. Da die meisten Konzerne beim
Einzelabschluss der Muttergesellschaft jedoch nicht IAS anwenden, sondern die Jahresrechnung nach lokalen Buchführungsrichtlinien abschliessen, wird darauf hier nicht weiter
eingegangen.

Konsolidierungskreis

In die Konzernrechnung müssen sämtliche in- und ausländische Gesellschaften aufgenommen werden, die direkt oder indirekt unter der Kontrolle der Muttergesellschaft
stehen. Eine Ausnahme ist nur in den, im nächsten Abschnitt erwähnten Fällen möglich.
Die Kontrolle über eine Gesellschaft wird vermutet, wenn die Muttergesellschaft direkt
oder indirekt mehr als die Hälfte der Stimmrechte hält. In Ausnahmefällen kann es jedoch
vorkommen, dass trotz der Stimmrechtsverhältnisse keine Kontrolle besteht.

Die Kontrolle über ein Unternehmen besteht aber auch, wenn

– eine Gesellschaft mittels Aktionärsvertrag über die Mehrheit der Stimmen verfügt,
– eine Gesellschaft aufgrund eines Vertrages über die finanzielle und operative Politik
  entscheiden kann,
– eine Gesellschaft über die Machtbefugnisse verfügt, die Mehrheit des Verwaltungsrates
  oder ähnlicher Gremien zu ernennen und abzusetzen,

– einer Gesellschaft die Mehrheit der Stimmen im Verwaltungsrat oder ähnlicher Gremien zustehen.

In den folgenden Fällen sollte eine Tochtergesellschaft nicht in die Konsolidierung eingeschlossen werden:

– Das Tochterunternehmen wird nur vorübergehend gehalten, und der Verkauf des Unternehmens ist in näherer Zukunft vorgesehen.
– Das Tochterunternehmen muss unter langfristigen Restriktionen operieren, die es ihr stark erschweren, Vermögenswerte an die Muttergesellschaft zu übertragen.

Unternehmungen, die aus den vorerwähnten Gründen nicht eingeschlossen werden, müssen als Finanzanlagen entsprechend den Vorschriften von IAS 25 (siehe «Finanzanlagen» S. 43) in der Konzernrechnung berücksichtigt werden.

Konsolidierungsmethode

Bei der Erstellung der Konzernrechnung sind folgende Schritte vorzunehmen:

– Der Eigenkapitalwert jeder Beteiligung und deren Buchwert bei der beteiligten Konzerngesellschaft werden entsprechend den Vorschriften von IAS 22 (siehe «Übernahmen und Fusionen», S. 79) eliminiert.
– Minderheitsanteile am Gewinn resp. Verlust werden berechnet und ausgeschieden. Lediglich der der Gruppe zuzurechnende Erfolg wird ausgewiesen.
– Minderheitsanteile am Eigenkapital werden berechnet und separat von den Verbindlichkeiten und vom Eigenkapital der Gruppe dargestellt. Die Minderheitsanteile am Eigenkapital bestehen aus folgenden Komponenten:
  – Dem ursprünglichen, bei Einschluss der Unternehmung in die Konzernrechnung gemäss dem «Purchase Accounting» (siehe IAS 22, S. 80) berechneten Wert.
  – Dem anteiligen Wert sämtlicher Veränderungen des Eigenkapitals der Tochterunternehmung seit diesem Zeitpunkt.

Konzerninterne Forderungen, Umsätze, Kostenverrechnungen, Dividenden und die daraus resultierenden, nicht realisierten Gewinne müssen eliminiert werden.

Beispiel: Vorgehensweise beim Erstellen einer Konzernrechnung
(Beträge in TFr.)

Die X AG besitzt seit Gründung 60% der Y AG. Ende 1995 kaufte die X AG 100% der Z AG. Gemäss dem «Purchase Accounting» entstand dabei ein Goodwill von 10, wovon 1996 2 abgeschrieben wurden. Es bestehen keine Warenlager aus konzerninternen Lieferungen per 31. 12. 96. Die Konzernbilanz des X Konzerns per 31. 12. 96 wird wie folgt erstellt:

Konzernbilanz X-Konzern

in TFr.	Einzelbilanzen X	Y	Z	Summen-Bilanz	Eliminierungen/Umbuchungen							Konzern-Bilanz
Konzerndebitoren	5	10		15	(15)							0
Sonstiges Umlaufsvermögen	20	40	30	90								90
Beteiligungen an Y und Z	40			40	(20)	(20)						0
Goodwill				0		10	(2)					8
Sonstige Anlagevermögen	10	60	50	120								120
Total Aktiven	**75**	**110**	**80**	**265**	**(15)**	**(20)**	**(10)**	**(2)**	**0**	**0**	**0**	**218**
Konzernkreditoren Sonstiges		(5)	(10)	(15)	15							0
Fremdkapital	(40)	(65)	(40)	(145)								(145)
Total Fremdkapital	(40)	(70)	(50)	(160)	15	0	0	0	0	0	0	(145)
Minderheitsanteile (40% v. 20, v. 13 und v. 7)									(8)	(5)	(3)	(16)
Aktienkapital	(10)	(20)	(10)	(40)	12	10		8				(10)
Agio		(13)		(13)	8				5			0
Gewinnvortrag	(25)	(7)	(20)	(52)			2				3	(47)
Total Eigenkapital	(35)	(40)	(30)	(105)	0	20	10	2	8	5	3	(57)
Total Passiven	**(75)**	**(110)**	**(80)**	**(265)**	**15**	**20**	**10**	**2**	**0**	**0**	**0**	**(218)**

Der verbleibende Goodwill von CHF 8 wurde in die Konzernbilanz aufgenommen. Die Darstellungsweise «+ 10 – 2» bedeutet, dass auf Konzernebene folgende Buchungen vorgenommen werden:

Goodwill	/ Konzerneigenkapital	10
Abschreibungen	/ Goodwill	2

Die Minderheitsanteile entsprechen 40% des Eigenkapitalwertes der Y AG und wurden ausgeschieden. Ebenfalls wurden die konzerninternen Forderungen und Schulden eliminiert.

Beteiligungsbuchwert und Goodwill setzten sich wie folgt zusammen:

Beteiligung	AK bei Gründung/Kauf	Agio bei Gründung/Kauf	Total Gründung/Kauf	Anteil von X in %	Total EK-Anteil von X	Kaufpreis resp. Investition	Goodwill
Y	20	13	33	60	20	20	
Z	10		10	100	10	20	10
Total	30	13	43		30	40	10

Falls Tochtergesellschaften konsolidiert werden, die auf einen anderen Zeitpunkt als der Konzern abschliessen, müssen wesentliche Transaktionen und sonstige Vorfälle, die sich bis zum Abschlussdatum der Konzernrechnung ereignen, berücksichtigt werden. Keinesfalls dürfen die Abschlüsse mehr als drei Monate auseinander liegen. In diesen Fällen wird üblicherweise ein Zwischenabschluss erstellt.

Sämtliche Unternehmungen des Konzerns sollten einheitlichen Buchführungsrichtlinien folgen. Falls eine Konzernunternehmung andere Buchführungsrichtlinien befolgt, werden normalerweise für die Konzernrechnung die notwendigen Korrekturen vorgenommen, um den Richtlinien des Konzerns im Wesentlichen zu genügen. Falls dies nicht möglich sein sollte, sind die Umstände samt Angabe über das Ausmass im Anhang zu erläutern.

Eine Unternehmung ist vom Zeitpunkt der Übernahme an in die Konzernrechnung aufzunehmen. Als Zeitpunkt der Übernahme gilt, wenn die Kontrolle auf den Konzern gemäss IAS 22 (siehe «Übernahmen und Fusionen», S. 79) übergeht.

Sinngemäss wird eine Unternehmung ausgeschlossen, wenn der Konzern die Kontrolle über dieses Unternehmen verliert. Falls noch eine Beteiligung an einem solchen Unternehmen besteht, muss sie wie eine Finanzanlage gemäss IAS 25 (siehe «Finanzanlagen», S. 43) oder als assoziierte Unternehmung gemäss IAS 28 (siehe «Assoziierte Gesellschaften», S. 69) berücksichtigt werden.

Anteile von Minderheiten müssen separat vom Eigenkapital und Fremdkapital des Konzerns ausgewiesen werden. Übersteigen die Minderheitsanteile an Verlusten die Minderheitsanteile an Eigenkapital, sind erstere von den Mehrheitsanteilen abzuziehen. Das bedeutet, dass kein Aktivum für diese Minderheitsanteile am Verlust in der Konzernrechnung gebildet werden darf. Eine Ausnahme besteht, wenn die Minderheitsaktionäre eine Nachschusspflicht eingegangen sind. Falls eine solche Tochterunternehmung nun nachträglich Gewinne erarbeitet, ist zuerst der korrekte Eigenkapitalanteil des Konzerns wieder herzustellen.

Beispiel Umschreibung Konsolidierungskreis und -methode aus dem Geschäftsbericht des Forbo-Konzerns 1996

«Konsolidierungskreis

Die Konzernrechnung umfasst die Forbo Holding AG und alle Gesellschaften, bei denen der Konzern einen beherrschenden Einfluss ausübt. Dies ist üblicherweise der Fall, wenn der Konzern mehr als 50% der Stimmrechte einer Gesellschaft besitzt. Konzerninterne Transaktionen und Beziehungen sind eliminiert.

Im Berichtsjahr erworbene Gesellschaften werden ab Erwerbsdatum in die Konzernrechnung einbezogen und alle verkauften Gesellschaften ab Verkaufsdatum aus der Rechnung ausgeschlossen.

Die Gesellschaften, die den Konsolidierungskreis bilden, sind unter ‹Konzerngesellschaften› (Seiten 60–63) aufgeführt.

Beteiligungen an Gesellschaften, bei denen der Konzern keinen bedeutenden Einfluss ausübt, sind mit dem Anschaffungswert bilanziert, wobei einem längerfristigen Minderwert durch Abschreibung oder Rückstellung Rechnung getragen wird.

Kapitalkonsolidierung

Diese erfolgt nach der ‹purchase›-Methode, wobei ein allfälliger Goodwill aktiviert und über die Nutzungsdauer (längstens fünfzehn Jahre) abgeschrieben wird.

Die Werthaltigkeit des jeweils noch aktivierten Betrages wird am Jahresende neu beurteilt. Wertverminderungen im Sinne von fehlendem zukünftigem Nutzen wird Rechnung getragen.»

Assoziierte Gesellschaften

IAS 28: Assoziierte Gesellschaften

Grundsatz

Um aus dem Know-how anderer, oftmals kleinerer oder schwächerer Gesellschaften Nutzen zu ziehen, werden häufig wesentliche Beteiligungen eingegangen. Im Unterschied zum normalen Aktionär, übt der Investor jedoch einen wesentlichen Einfluss auf die Geschäftspolitik der Gesellschaft aus. Die kleinere oder schwächere Gesellschaft, die damit zur **assoziierten Gesellschaft** wird, profitiert dabei von der finanziellen Stärke des Investors.

Aufgrund der Wichtigkeit und Wesentlichkeit solcher Verbindungen für den Investor ist die **buchhalterische Erfassung** als normale Beteiligung (vgl. Seite 45) nicht angebracht, denn damit würde man den tatsächlichen Gegebenheiten nicht gerecht werden. IAS 28 schreibt daher bei assoziierten Gesellschaften grundsätzlich das «equity accounting» (die **Equity-Methode**) vor.

Der Standard ist sowohl für die Konzernrechnung als auch für den Einzelabschluss anwendbar.

Definition einer assoziierten Gesellschaft

Ob eine Beteiligung an einem anderen Unternehmen gemäss IAS 28 als assoziiertes Unternehmen anzusehen ist, hängt vor allem davon ab, ob ein wesentlicher Einfluss («significant influence») seitens des Investors besteht. Übt er jedoch die Kontrolle aus, ist die Beteiligung zu konsolidieren (siehe Definition «Kontrolle» bei IAS 27, S. 65). Zusätzlich müssen die Kriterien, die ein Gemeinschaftsunternehmen begründen, beachtet werden.

Ein wesentlicher Einfluss wird vermutet, wenn ein Unternehmen an einem anderen 20 oder mehr Prozent der Stimmrechte hält, ausser es kann nachgewiesen werden, dass trotzdem kein wesentlicher Einfluss besteht. Andererseits wird kein wesentlicher Einfluss vermutet, wenn weniger als 20% gehalten werden. Besitzt ein anderer Investor einen grösseren Anteil, wenn nicht gar die Mehrheitsbeteiligung, bedeutet dies noch nicht, dass der Halter des kleineren Anteils keinen wesentlichen Einfluss haben muss.

Normalerweise wird ein wesentlicher Einfluss seitens eines Investors durch einen der folgenden Umstände erkennbar:

– Vertreter des Investors sitzen im Verwaltungsrat resp. in ähnlichen Gremien.
– Der Investor beteiligt sich bei der Festlegung der strategischen finanziellen und operativen Entscheidungen.
– Es bestehen signifikante Transaktionen zwischen Investor und dem assoziierten Unternehmen.

– Zwischen den beiden Unternehmen findet ein Austausch von Kaderleuten statt.
– Es werden gegenseitig wichtige technische Informationen zur Verfügung gestellt.

Buchhalterische Behandlung von assoziierten Gesellschaften

Eine Beteiligung an einer assoziierten Gesellschaft ist grundsätzlich gemäss der nachfolgend erläuterten Equity-Methode in die Konzernrechnung, resp. den Einzelabschluss aufzunehmen. Die Anschaffungswertmethode, die gemäss IAS 25 für Beteiligungen ohne wesentlichen Einfluss gilt, ist nur in wenigen, genau definierten Fällen erlaubt.

■ Anschaffungswertmethode

Die Anschaffungswertmethode ist nur in den folgenden Fällen bei Investitionen in assoziierte Unternehmen zu verwenden:

– Die Investition in das assoziierte Unternehmen ist mit der Absicht, sie in der näheren Zukunft wieder zu veräussern, eingegangen worden.
– Es bestehen schwerwiegende, langfristige Restriktionen, die das Transferieren von Guthaben an den Investor stark einschränken.

■ Die Equity-Methode

Bei der Anwendung der Equity-Methode sind ähnliche Schritte wie bei der Anwendung der «purchase methode» (IAS 22) notwendig. Zum Zeitpunkt des Kaufes werden die Aktiven und Passiven des assoziierten Unternehmens zum Marktwert bewertet. Der sich daraus ergebende Anteil am Eigenkapital zu Marktwerten wird als separates Aktivum in die Bilanz des Investors aufgenommen. Die Differenz zwischen dem Eigenkapital zu Marktwerten und den Kosten der gekauften Beteiligung (Kaufpreis plus sonstige Akquisitionskosten) bildet den Goodwill resp. negativen Goodwill. Dieser wird gleich wie bei einer Übernahme (siehe Festlegung des Goodwills, S. 81ff.) behandelt und in die Jahresrechnung des Investors als immaterielles Anlagevermögen resp. Rückstellung aufgenommen und über seine Nutzungsdauer abgeschrieben.

Der sich aus der Erfolgsrechnung des assoziierten Unternehmens ergebende Anteil des Investors am Reingewinn des assoziierten Unternehmens, wird bei Anwendung der Equity-Methode wie folgt für die Jahresrechnung des Investors angepasst:

– Abschreibungen auf dem Anlagevermögen werden aufgrund der bei der Akquisition geschätzten Marktwerte vorgenommen.
– Abschreibung des Goodwills, resp. Amortisation des negativen Goodwills.

Verwendet das assoziierte Unternehmen andere Buchführungsrichtlinien als der Investor, müssen soweit möglich die notwendigen Korrekturen durch den Investor vorgenommen werden, bevor er seinen Anteil am Resultat und Eigenkapital in seine Jahresrechnung aufnimmt.

Falls das assoziierte Unternehmen einen anderen Bilanzstichtag wie der Investor verwendet, erstellt es normalerweise zuerst einen Zwischenabschluss. Ist dies nicht möglich, kann die letzte verfügbare Jahresrechnung des assoziierten Unternehmens verwenden werden. Es sollte jedoch von Jahr zu Jahr dasselbe Abschlussdatum verwendet werden, um das Kontinuitätsprinzip einzuhalten. Ausserordentliche Ereignisse, die sich beim assoziierten Unternehmen zwischen seinem und dem Abschlussdatum des Investors ereignen, sollten soweit möglich in der Konzernrechnung des Investors berücksichtigt werden.

Hat ein assoziiertes Unternehmen so viele Verluste erwirtschaftet, dass der Eigenkapitalwert des Investors am assoziierten Unternehmen auf Null fällt, müssen keine weiteren Verlustanteile in der Erfolgsrechnung des Investors ausgewiesen werden. Falls der Investor jedoch Garantien zugunsten des assoziierten Unternehmens abgegeben hat, sind vom Investor die notwendigen Rückstellungen vorzunehmen.

In den folgenden Fällen darf die Equity-Methode nicht mehr angewendet werden, und die Beteiligung ist gemäss der Anschaffungswertmethode zu bilanzieren:

– Die wesentliche Einflussnahme fällt weg.
– Es kommt zu schwerwiegenden langfristigen Restriktionen, die das Transferieren von Guthaben an den Investor stark einschränken.

Beispiel: Buchhalterische Erfassung gemäss Equity-Methode
(Beträge in TFr.)

Die Alpha AG kauft auf den 1. Januar 1996 einen 25%-Anteil an der Beta AG und entsendet zwei ihrer Manager in den Verwaltungsrat der Beta AG. Der Kaufpreis inklusive sonstiger mit dem Kauf bedingter Kosten betrug 420.

Die Bilanz der Beta AG per 1. 1. 1996 sieht wie folgt aus:

Bilanz per 1. 1. 1996

Aktiven		Passiven	
Bankguthaben	20	Kreditoren	80
Debitoren	90	Sonstiges kurzfristiges Fremdkapital	20
Warenlager	110	Langfristiges Fremdkapital	500
Sachanlagen	850		
Sonstiges Anlagevermögen	30	Eigenkapital	500
Total	**1 100**		**1 100**

Der Marktwert der Sachanlagen per 1. 1. 1996 beträgt 1010, und die Sachanlagen müssen über eine Restlaufzeit von 10 Jahren abgeschrieben werden.

Aufgrund der vorliegenden Bilanz wird die Alpha AG ihre Beteiligung an der Beta AG wie folgt in die Konzernrechnung aufnehmen:

Kosten des Kaufes (Kaufpreis plus sonstige Kosten)		420
Anteilmässiges Eigenkapital an der Beta AG 25% von 500	– 125	
Korrektur für die Anpassung der Aktiven und Passiven an den aktuellen Marktwert: Sachanlagen 1010–850 = 160 Anteil Alpha 25% von 160	– 40	
Total anteilmässiges Eigenkapital		– 165
Goodwill		**255**

Wir nehmen an, dass der Goodwill aufgrund seiner Werthaltigkeit über 15 Jahre linear abgeschrieben wird.

Auf den 1. 1. 1996 nimmt die Alpha A folgende Buchungen vor:

Beteiligung an assoziierter Gesellschaft (finanzielles Anlagevermögen)	an Flüssige Mittel	165
Goodwill (immaterielles Anlagevermögen)	an Flüssige Mittel	255
Total		**420**

Nach Ablauf des Geschäftsjahres erhält die Alpha AG den folgenden Abschluss der Beta AG:

Bilanz per 31. 12. 1996

Aktiven		Passiven	
Bankguthaben	30	Kreditoren	50
Debitoren	100	Sonstiges kurzfristiges Fremdkapital	10
Warenlager	100	Langfristiges Fremdkapital	400
Sachanlagen	760		
Sonstiges Anlagevermögen	50	Eigenkapital	580
Total	**1 040**		**1 040**

Erfolgsrechnung 1996

Umsatzerlös	2 560
Herstellkosten der verkauften Ware	− 1 450
Bruttogewinn	1 110
Marketing und Vertrieb	420
Sonstiger Aufwand	570
Reingewinn	**120**

Die Beta AG hat während des Jahres 1996 eine Dividende von 40 ausbezahlt. Davon hat die Alpha 10 erhalten und wie folgt verbucht:

Flüssige Mittel	an Beteiligung an assoziierter Gesellschaft (finanzielles Anlagevermögen)	10

Damit nun die Alpha AG in ihrem Konzernabschluss ihre Beteiligung an der Beta AG berücksichtigen kann, müssen wir zuerst den Reingewinn der Beta AG korrigieren. Einfachheitshalber nehmen wir an, die Beta AG habe kein Sachanlagevermögen während des Jahres 1996 gekauft und die Abschreibung auf den Sachanlagen habe 90 betragen.

Reingewinn gemäss Erfolgsrechnung Beta AG		120
Anpassung der Abschreibungen:		
Abschreibung auf Sachanlagen gemäss Beta AG	90	
Abschreibung auf Marktwerten seit Kauf durch die Alpha AG 1 010 : 10 Jahre	− 101	
Korrektur Reingewinn für Abschreibung Sachanlagen		− 11
Bereinigter Reingewinn der Beta AG		**109**

Der Gewinnanteil der Alpha AG beträgt somit 27 (25% von 109). Jedoch muss auch noch die Abschreibung auf dem Goodwill in Betracht gezogen werden. Diese beträgt 17 (255 über 15 Jahre abgeschrieben = 6,67% von 255). Die Alpha AG hat somit netto 10 an ihrer Beteiligung an der Beta AG «verdient». Nun nimmt die Alpha AG folgende Buchungen vor:

Beteiligung an assoziierter Gesellschaft (finanzielles Anlagevermögen)	an Gewinnanteil an assoziierter Gesellschaft (Ertrag in der Erfolgsrechnung)	27
Abschreibung auf Goodwill an assoziierter Gesellschaft (Aufwand in der Erfolgsrechnung)	an Goodwill (immaterielles Anlagevermögen)	17

Jahresüberblick des Kontos Beteiligung an assoziierter Gesellschaft:

Beteiligung an assoziierter Gesellschaft

Eröffnungssaldo 1. 1. 1996	165
Durch die Beta AG ausbezahlte Dividende (Anteil der Alpha AG)	− 10
Anteil der Alpha AG am Reingewinn 1996	27
Schlusssaldo 31. 12. 1996	**182**

Der Wert von CHF 182 kann wie folgt abgestimmt werden:

Alphas Anteil am ausgewiesenen Eigenkapital der Beta AG per 31. 12. 1996 – 25% von Eigenkapital von 580	145
Mehrwert der Sachanlagen per 31. 12. 1996 gemäss Marktwertberechnung vom 1. 1. 1996 (siehe Tabelle unten) 25% des Mehrwertes per 31. 12. 1996 von 149	37
Wert der Beteiligung an assoziierter Gesellschaft 31. 12. 1996	**182**

Sachanlagen CHF	Abschluss Beta AG	Marktwert	Differenz
Eröffnungssaldo per 1. 1. 1996	850	1 010	160
Abschreibung 1996	− 90	− 101	− 11
Schlusssaldo per 31. 12. 1996	**760**	**909**	**149**

Gemeinschaftsunternehmen

IAS 31: Gemeinschaftsunternehmen («Joint Ventures»)

Grundsatz

Um die jeweiligen Stärken von Gesellschaften zu nutzen und auch um die hohen Forschungs-, Entwicklungs- und Markteinführungskosten von neuen Produkten zu teilen, schliessen sich Gesellschaften in **Gemeinschaftsunternehmen** («Joint Ventures») zusammen. Oftmals handelt es sich dabei um ebenbürtige Partner.

Bei Gemeinschaftsunternehmen in Form von **gemeinsam beherrschten Gesellschaften** erlaubt IAS 31 wahlweise die **Quotenkonsolidierung** oder die Equity-Methode. Ebenfalls wird die buchhalterische Erfassung **von gemeinsam beherrschten Geschäftstätigkeiten und Aktiven** in diesem Standard behandelt.

Definition von Gemeinschaftsunternehmen

Gemeinschaftsunternehmen können die verschiedensten Formen und Strukturen haben, aber alle haben folgende Gemeinsamkeit, die IAS 31 wie folgt definiert:

«Gemeinschaftsunternehmungen sind aufgrund eines Vertrages zwischen zwei oder mehreren Partnern gemeinsam beherrschte Gesellschaften, Geschäftstätigkeiten oder Aktiven.»

Unter gemeinsamer Beherrschung versteht man eine Übereinkunft, welche die Kontrolle über die finanziellen und operativen Entscheidungen auf die Partner verteilt. Ob die Vereinbarung zur gemeinsamen Beherrschung aufgrund eines Vertrages, eines Beschlusses oder nur aus einem Besprechungsprotokoll hervorgeht, ist nicht von Bedeutung. Wichtig ist, dass darin klar die gemeinsame Beherrschung der Geschäftstätigkeit, der Aktiven oder Gesellschaften festgehalten wird.

Dieses Kriterium der gemeinsamen Beherrschung unterscheidet die Beteiligung an einem Gemeinschaftsunternehmen von einer Beteiligung an einem assoziierten Unternehmen (IAS 28) und einer normalen Beteiligung (IAS 25).

Solange eine gemeinsame Beherrschung vorliegt, müssen nicht alle Partner zwingend über den selben Anteil an der gemeinsamen Gesellschaft verfügen. Es kann sich auch um ein Gemeinschaftsunternehmen handeln, wenn ein Partner über 40% und die anderen beiden Partner über je 30% des Gemeinschaftsunternehmens verfügen.

Gemeinsam beherrschte Gesellschaften

Diese Art von Gemeinschaftsunternehmen entspricht dem landläufigen Begriff eines «joint ventures». Hier wird durch die Partner eine Gesellschaft gegründet, welche die Geschäfte durchführt. Das Gemeinschaftsunternehmen führt seine eigenen Bücher. Solche Gemeinschaftsunternehmen kommen oft in der Stromerzeugungsindustrie vor, wo zwei oder mehr Partner gemeinsam ein neues Kraftwerk in Form einer Gesellschaft errichten und betreiben. Für die buchhalterische Erfassung im Einzelabschluss verweist IAS 31 auf die lokalen Vorschriften im jeweiligen Land und bevorzugt keine bestimmte Handhabung. Für die Konzernrechnung sieht IAS 31 folgende zwei Methoden vor.

■ **Bevorzugte Methode («benchmark treatment»): Quotenkonsolidierung**
Jeder Teilhaber sollte seinen Anteil am Gemeinschaftsunternehmen unter Anwendung der Quotenkonsolidierung in seiner Konzernrechnung erfassen. Hierbei kann er zwischen zwei verschiedenen Darstellungsarten wählen.

– Entweder er erfasst seinen prozentualen Anteil der Bilanz- und Erfolgsrechnungspositionen des Gemeinschaftsunternehmens als Teil seiner «eigenen» jeweiligen Positionen oder
– er führt seinen jeweiligen Anteil an den Positionen des Gemeinschaftsunternehmen als separate Positionen, jeweils bei der «eigenen» Position, aus.

Wie bereits gesagt, werden bei der Quotenkonsolidierung die Bilanz- und Erfolgsrechnungspositionen nur anteilsmässig (z. B. Vorräte zu 50%) in die Konzernrechnung aufgenommen. Damit entfällt die Ausscheidung der Minderheitsanteile am Eigenkapital und Reingewinn. Ansonsten wird wie beim Beispiel der Konzernrechnung in IAS 27, S. 65, vorgegangen.

Beispiel: Quotenkonsolidierung
(Beträge in TFr.)

Der Gamma-Konzern ist seit 1. Januar 1996 zu 50% am Gemeinschaftsunternehmen Alpha beteiligt. Die Gesellschaft wurde durch den Gamma-Konzern und ihren Partner gegründet. Überlegungen zum Goodwill können deshalb ausser Betracht gelassen werden.
Die quotenmässige Konsolidierung der Alpha in die Bilanz und Erfolgsrechnung des Gamma-Konzerns per 31. Dezember 1996 wird, vereinfacht dargestellt, wie folgt vorgenommen. Die in der Spalte «Alpha» aufgeführten Beträge entsprechen 50% der Posten in der Jahresrechnung. Zum Beispiel sind die flüssigen Mittel in der Bilanz der Alpha mit TFr. 200 ausgewiesen.

Gamma-Konzern

	Gamma vor Einbezug der Alpha TFr.	50% der Alpha TFr.	Konzern- rechnung der Gamma TFr.
Aktiven			
Flüssige Mittel	1 000	100	1 100
Forderungen	4 500	300	4 800
Warenlager	3 500	200	3 700
Sachanlagevermögen	2 500	400	2 900
Total Aktiven	11 500	1 200	12 700

	Gamma vor Einbezug der Alpha TFr.	50% der Alpha TFr.	Konzern-rechnung der Gamma TFr.
Passiven			
Kreditoren	2 500	200	2 700
Sonstiges Fremdkapital	3 000	300	3 300
Aktienkapital	2 500	200	2 700
Reserven/Gewinnvortrag	3 500	500	3 800
Total Passiven	11 500	1 200	12 700
Erfolgsrechnung			
Warenverkäufe	29 000	3 000	32 000
Sonstiger Ertrag	1 000	100	1 100
Total	30 000	3 100	33 100
Warenaufwand	– 20 000	– 2 000	– 22 000
Personalaufwand	– 5 000	– 400	– 5 400
Sonstiger Aufwand	– 2 000	– 200	– 2 200
Total	– 27 000	– 2 600	– 29 600
Gewinn 1996	3 000	500	3 500

Beim Ausweis nach der zweiten Möglichkeit würden zum Beispiel die flüssigen Mittel und Forde-rungen in der Konzernbilanz des Gamma-Konzerns wie folgt ausgewiesen:

Flüssige Mittel	1 000
Anteil flüssige Mittel Alpha	100
Forderungen	4 500
Anteil Foderungen Alpha	300

- **Erlaubte alternative Methode («allowed alternative treatment»)**

Ein Teilhaber darf seinen Anteil am Gemeinschaftsunternehmen, wie wenn es sich um ein assoziiertes Unternehmen handeln würde, anhand der Equity-Methode in seiner Kon-zernrechnung erfassen. Die Handhabung dieser Methode wurde bei IAS 28, Assoziierte Gesellschaften, erklärt.

Beispiel Quotenkonsolidierung aus dem Geschäftsbericht des ABB-Konzerns 1996

Per 31. 12. 1995 formte der ABB und der Daimler-Benz-Konzern eine gemeinsame Tochtergesell-schaft. Der ABB-Konzern umschreibt die Handhabung dieses Gemeinschaftsunternehmens in seinen Konsolidierungsgrundsätzen wie folgt (es wird hier nicht auf die Erfolgsrechnung des Gemein-schaftsunternehmens für das Jahr 1995 eingegangen, da das Unternehmen erst per Jahresende 1995 gegründet wurde):

«Die konsolidierte Jahresrechnung 1996 und die konsolidierte Bilanz zum 31. Dezember 1995 berück-sichtigen anteilig die ABB Daimler-Benz Transportation GmbH und deren Tochtergesellschaften. An dieser Gruppe, die ihre Geschäftstätigkeit 1996 aufnahm, sind die ABB Asea Brown Boveri AG und die Daimler-Benz AG, Stuttgart, zu je 50 Prozent beteiligt.»

Gemeinsam beherrschte Geschäftstätigkeiten

Bei dieser Art von Gemeinschaftsunternehmen verwenden die Partner ihre eigenen Maschinen, Anlagen und Warenlager zum Ausführen einer gemeinsamen Tätigkeit, ohne dafür eigens eine Gesellschaft zu gründen. Ertrag und Aufwand werden gemäss Vereinbarung verrechnet und aufgeteilt. Die Fabrikation eines Airbusses beispielsweise ist eine solche gemeinsam kontrollierte Tätigkeit. Jeder der Teilhaber trägt hier mit seinen Mitteln und seinem Fachwissen zur gemeinsamen Produktion des Flugzeuges bei.
Im Einzelabschluss sowie in der Konzernrechnung haben die Partner ein solches Gemeinschaftsunternehmen wie folgt zu berücksichtigen:

– Jeder Partner sollte die bei ihm vorhandenen Aktiven und Passiven sowie den bei ihm entstehenden Aufwand wie bei jeder anderen Art von Tätigkeit verbuchen.
– Als Erfolg bucht jeder Partner den ihm zustehenden Anteil am Verkaufserlös gemäss Übereinkunft.

Da die jeweiligen Bilanz- und Erfolgsrechnungspositionen bereits in den Einzelabschlüssen und somit auch in der Konzernrechnung jedes Partners vorhanden sind, ist auf Konzernebene nichts zusätzlich zu unternehmen. Grundsätzlich müssen für ein solches Gemeinschaftsunternehmen keine eigenen Bücher geführt werden. Es ist jedoch anzunehmen, dass für Managementzwecke interne Abschlüsse erstellt werden, um den Erfolg des Gemeinschaftsunternehmens als Ganzes beurteilen zu können.

Gemeinsam beherrschte Aktiven

Diese Art von Gemeinschaftsunternehmen besteht aus dem gemeinsamen Halten und Betreiben eines Aktivums. Dies kommt zum Beispiel in der Ölindustrie vor: Zwei oder mehr Unternehmen besitzen und betreiben gemeinsam eine Pipeline und transportieren damit ihr eigenes Öl.
Im Einzelabschluss sowie in der Konzernrechnung haben die Partner ein solches Gemeinschaftsunternehmen wie folgt zu berücksichtigen:

– Jeder Partner sollte seinen Anteil am gemeinsam kontrollierten Aktivum (z. B. 35% der Pipeline) in die Bilanz aufnehmen und der Art des Aktivums entsprechend klassifizieren (z. B. Pipeline als Sachanlagen und nicht unter Beteiligungen).
– Die damit verbundenen Verbindlichkeiten und Aufwände sind entsprechend zu bilanzieren (z. B. den vom jeweiligen Partner aufgenommenen Kredit und die Zinsen zur Finanzierung seines Anteils).
– Der Anteil an den Verbindlichkeiten und Aufwänden des Gemeinschaftsunternehmens (z. B. seine 35% der Kreditoren, Hypotheken und des Zinsaufwandes der Pipeline) ist zu bilanzieren.
– Der Ertrag aus dem Gebrauch des Aktivums des Gemeinschaftsunternehmens sowie der eigene Anteil an Erträgen des Gemeinschaftsunternehmens (z. B. Vermietung der Pipeline an Dritte) sind aufzuführen.

Auch hier sind keine Buchungen auf Konzernebene notwendig. Falls überhaupt, führt ein solches Gemeinschaftsunternehmen lediglich eine Buchhaltung für Managementzwecke oder um die Erträge und Aufwände des Gemeinschaftsunternehmens selbst zu erfassen.

Übernahmen und Fusionen

IAS 22: Unternehmungszusammenschlüsse

Grundsatz

Bei Unternehmungszusammenschlüssen stellt sich zuallererst die Frage, um was es sich hierbei eigentlich handelt, eine **Übernahme («acquisition»)** oder eine **Fusion («merger»)**. Die Unterscheidungskriterien werden in den nachfolgenden Abschnitten erläutert. Vorab ist jedoch wichtig zu wissen, dass bei einer Übernahme das **«purchase accounting»** angewendet wird, wobei es dazu einer Neubewertung der Bilanz des übernommenen Unternehmens bedarf. Es stellt sich auch die Frage, wie die Minderheitsanteile bei einer solchen Neubewertung zu behandeln sind.
Dagegen wird bei einer Fusion die **«uniting of interests»-Methode** angewendet wo keine Neubewertung stattfindet und auch kein Goodwill entsteht (z. B. Novartis – die Fusion von Ciba und Sandoz).

Definition einer Übernahme

Bei den meisten Fällen von Unternehmungszusammenschlüssen handelt es sich um eine Übernahme. Sie tritt ein, wenn eine Unternehmung über das neu gebildete Unternehmen die Kontrolle übernimmt, d. h. normalerweise, wenn 50 oder mehr Prozent der Stimmrechte in die Hände der übernehmenden Unternehmung übergehen, ausser es kann klar nachgewiesen werden, dass trotzdem keine der Unternehmungen die Kontrolle übernommen hat.
Besitzt die Unternehmung weniger als 50% des Stimmrechts, kann es sich trotzdem um eine Übernahme handeln, und zwar dann, wenn sie

- mit anderen Investoren Verträge abgeschlossen hat, die ihr die Ausübung der Kontrolle ermöglichen.
- aufgrund eines Vertrages über die finanziellen und operativen Entscheidungen die Verfügungsgewalt hat.
- über die Macht verfügt, die Mehrheit der Mitglieder des Verwaltungsrates oder anderer Geschäftsleitungsgremien ein- resp. abzusetzen.
- über die Mehrheit der Stimmen im Verwaltungsrat oder ähnlichen Geschäftsleitungsgremien verfügt.

Auch wenn es manchmal schwierig ist, die übernehmende Unternehmung festzustellen, kann man normalerweise dann von einer Übernahme ausgehen, wenn eine der Unternehmungen wesentlich grösser ist als die andere (z. B. wenn eine Schweizer Grossbank eine Regionalbank durch Aktientausch übernimmt), ein Teil der Aktien einer Unternehmung mit Geld abgegolten werden, oder die Geschäftsleitung der neuen Unternehmung durch das Management einer Unternehmung dominiert wird.

Vom Zeitpunkt der Übernahme an muss die übernehmende Unternehmung die Aktiven und Passiven der übernommenen Unternehmung in die eigene konsolidierte Jahresrechnung aufnehmen. Ebenfalls ist ihre Erfolgsrechnung von diesem Zeitpunkt an einzuschliessen. Wurde zum Beispiel ein Unternehmen auf den 1. April 1996 übernommen, so muss die übernehmende Unternehmung die Umsätze und Kosten im Jahresabschluss 1996 für die verbleibenden 9 Monate (vom 1. April bis Ende Jahr) in die konsolidierte Jahresrechnung aufnehmen.

Für Buchführungszwecke kann der Zeitpunkt des Zusammenschlusses vom vertraglich vereinbarten Zeitpunkt abweichen: Als Zeitpunkt ist der effektive Übergang der Kontrolle über die Eigenmittel und die Geschäftspolitik massgebend.

Das «purchase accounting»

Das «purchase accounting» dient dazu, die Bilanz des übernommenen Unternehmens durch eine Neubewertung der Aktiven und Passiven an die Rechnungslegung des übernehmenden Unternehmens anzupassen. Dabei werden auch sämtliche durch die Übernahme entstandenen und noch zu entstehenden Kosten, wie Rationalisierungsmassnahmen, in der Bilanz des übernommenen Unternehmens berücksichtigt. Danach wird der so ermittelte Marktwert der übernommenen Nettoaktiven (Eigenkapital) dem Kaufpreis (resp. den Kosten der Übernahme) gegenübergestellt. Danach kann der positive resp. negative Goodwill festgestellt werden. Dieser ist in die Bilanz des übernehmenden Unternehmens zu aktivieren resp. zu passivieren und über die Erfolgsrechnung abzuschreiben.

■ **Die Kosten der Übernahme**
Als Kosten der Übernahme sind anzurechnen:

– Der bezahlte Kaufpreis. Falls die Zahlung erst mit grösserer Verzögerung erfolgt, ist der Betrag zu diskontieren.
– Der Marktwert («Fair Value») aller anderen Vermögenswerte, die von der übernehmenden Unternehmung für die Übernahme der Kontrolle abgetreten wurden (z. B. wenn der Kaufpreis vollständig oder teilweise durch Aktienausgabe seitens der übernehmenden Unternehmung abgegolten wird).
– Die direkt mit der Übernahme in Verbindung stehenden Kosten. Hierzu zählen die Kosten für die Aktienausgabe, Wirtschaftsprüfungs- und Anwaltshonorare und andere damit verbundene Beratungshonorare.

■ Neubewertung der Aktiven und Passiven

Auf den Zeitpunkt der Übernahme sind die separat identifizierbaren Aktiven und Passiven der übernommenen Unternehmung zum aktuellen Marktwert neu zu bewerten. Dabei kommt es des öfteren vor, dass durch die Übernahme neue Aktiven oder Passiven in die Bilanz aufgenommen werden.

Aktiven wie immaterielle Anlagen, Markenrechte oder direkt einem Produkt zurechenbare Entwicklungskosten sind oft nicht oder nur zu einem minimalen Wert in der Bilanz der zu übernehmenden Unternehmung enthalten. In der Konzernrechnung der übernehmenden Unternehmung werden diese immateriellen Anlagen jedoch mit ihrem aktuellen Marktwert aufgenommen.
Insbesonders bei Übernahmen in Branchen der Hochtechnologie besteht der Kaufpreis zu einem wesentlichen Teil in der Abgeltung der bisherigen Forschungskosten der übernommenen Unternehmung. Da Forschungskosten nicht als solche aktiviert werden dürfen, wird ihr Anteil am Kaufpreis durch das «purchase accounting» als Goodwill aktiviert. In den USA muss bei einer Übernahme der Anteil der bezahlten Forschungskosten berechnet und sofort vollständig der Erfolgsrechnung belastet werden. Bis jetzt hat es sich nicht gezeigt, ob sich diese Methode auch bei Unternehmungen, die IAS befolgen, eventuell durchsetzen könnte.
Oft kommt es bei einer Übernahme zu einer Neubewertung oder gar Erstbewertung der zukünftigen Steuerersparnisse aus Verlustvorträgen der übernommenen Unternehmung. Wurden die aus den Verlustvorträgen entstehenden Steuerersparnisse vor der Übernahme der Unternehmung wegen mangelnder Realisierbarkeit (keine Aussicht auf Gewinne innerhalb der steuerlichen Verjährungsfrist) nicht aktiviert, kann sich die Situation durch die Übernahme jedoch geändert haben und die Realisierbarkeit steht nicht mehr zur Diskussion.

Bei den **Passiven** sind besonders die durch die Übernahme entstehenden Verbindlichkeiten für eine allenfalls notwendige Restrukturierung zu erwähnen. Auf den Zeitpunkt der Übernahme werden beispielsweise allfällige Abgangsentschädigungen derjenigen Angestellten, die von der Restrukturierung betroffen sein werden, als Passivum der übernommenen Unternehmung angesehen und als Rückstellung in die Bilanz aufgenommen. Dies hat zur Folge, dass diese Lohnkosten zwar noch bezahlt werden müssen, jedoch nicht als Lohnaufwand in der konsolidierten Erfolgsrechnung der übernehmenden Unternehmung erscheinen.
Durch Bildung solcher Rückstellungen als Teil der Neubewertung wird das Eigenkapital der übernommenen Unternehmung kleiner und somit der Goodwill grösser. Bei Aktivierung des Goodwills werden diese Restrukturierungskosten als Teil der Abschreibung des Goodwills in der Erfolgsrechnung ausgewiesen. Es ist jedoch nicht erlaubt, Rückstellungen für zukünftige Betriebsverluste zu bilden.

■ Festlegung des Goodwills

Nachdem die Aktiven und Passiven der übernommenen Unternehmung neu bewertet worden sind, lässt sich dessen Eigenkapital ermitteln. Somit ist der Weg frei, den Goodwill (resp. den negativen Goodwill) zu errechnen.

Der neue IAS 22, der den bisherigen seit 1983 gültigen ersetzt, ist seit 1. Januar 1995 in Kraft. Die einschneidendste Änderung zum bisherigen Standard ist die Vorschrift, Goodwill zu aktivieren und abzuschreiben. Unter dem alten Standard war es möglich, den gekauften Goodwill direkt, aber offen ausgewiesen, mit dem Eigenkapital zu verrechnen. Die Erfolgsrechnung wurde somit nicht mit der Abschreibung des Goodwills belastet, jedoch war der gekaufte Gewinn der übernommenen Unternehmung sofort als Gewinnsteigerung ersichtlich. Ein weiterer Effekt war, dass das Eigenkapital kleiner wurde und sich damit die Eigenkapitalrendite erhöhte. Die meisten schweizerischen Unternehmungen, die damals IAS folgten, aktivierten den Goodwill nicht, sondern verrechneten ihn direkt mit dem Eigenkapital. Der neue IAS 22 empfiehlt, aber verpflichtet nicht, den Goodwill retroaktiv zu aktivieren. Wie die Praxis zeigte, wurde dieser Teil des neuen Standards kaum umgesetzt.

Beispiel: Berechnung des Goodwills

Die Unternehmung A kauft per 30. 6. 1997 100% der Aktien der Unternehmung B für 10000 (Beträge in TFr.). Bei der Übernahme fallen Anwalts- und Wirtschaftsprüfungskosten von 50 an. Das Eigenkapital der Unternehmung B beläuft sich zu Buchwerten auf 6000. Die Neubewertung der Aktiven und Passiven der Unternehmung ergibt, dass die Aktiven um 400 aufgewertet werden. Für die anstehende Restrukturierung der Unternehmung B wird eine Rückstellung von 1500 gebildet.

Berechnung der Kosten der Übernahme:

Kaufpreis	10 000	
Sonstige Kosten	50	
Kosten der Übernahme		10 050
Neubewertung der Aktiven und Passiven:		
Eigenkapital vor Neubewertung	6 000	
Aufwertung Aktiven	400	
Restrukturierungsrückstellung	− 1 500	
Übernommenes Eigenkapital		4 900
Goodwill aus Übernahme		5 150

Der Goodwill ist gemäss IAS 22 zu aktivieren und grundsätzlich über 5 Jahre abzuschreiben. Wenn eine längere Nutzungsdauer resp. Werthaltigkeit nachgewiesen werden kann, ist der Goodwill über diesen Zeitraum, jedoch maximal über 20 Jahre abzuschreiben. Falls die Nutzungsdauer des Goodwills nachweislich weniger als 5 Jahre beträgt, ist der Goodwill innerhalb dieses Zeitraumes abzuschreiben.

An jedem Bilanzstichtag muss die Werthaltigkeit des noch nicht vollständig abgeschriebenen Goodwills begutachtet werden. Sollte die Werthaltigkeit nicht mehr oder nur teilweise gegeben sein, sind sofort erfolgswirksam die notwendigen Abschreibungen vorzunehmen. Die vorgenommenen Abschreibungen auf dem Goodwill dürfen nicht rückgängig gemacht werden.

Falls sich aus der Berechnung ein negativer Goodwill (Badwill) ergibt, sollten gemäss bevorzugter Methode («benchmark treatment») die nicht monetären Aktiven proportional abgewertet werden, bis der negative Goodwill verschwunden ist. Ist dies nicht oder nicht vollständig möglich, ist der negative Goodwill zu passivieren und entsprechend den Zeitspannkriterien des positiven Goodwills systematisch über die Erfolgsrechnung aufzulösen. Gemäss der erlaubten alternativen Methode («allowed alternative treatment») wird der gesamte negative Goodwill passiviert und systematisch über die Erfolgsrechnung aufgelöst. Auch hier gelten die Zeitspannkriterien des positiven Goodwills.

■ **Nachträgliche Anpassung des «purchase accounting»**
Der Zeitaufwand für die Neubewertung der Aktiven und Passiven der übernommenen Unternehmung kann erheblich sein. Zudem können sich ursprüngliche Schätzungen über die Entwicklung der Übernahme als falsch entpuppen – dies im positiven wie auch im negativen Sinne. Deshalb räumt IAS 22 einen längeren Zeitraum für die endgültige Beurteilung des «purchase accounting» ein. Bis zum Ende des auf die Übernahme folgenden Geschäftsjahres kann die damals vorgenommene Neubewertung der Aktiven und Passiven über den Goodwill angepasst werden.

Die Behandlung von Minderheitsanteilen bei Neubewertung

Wie bereits im Abschnitt über die Konzernrechnung (IAS 27) erwähnt, müssen Minderheitsanteile als eigener Posten separat von Eigen- und Fremdkapital des Konzerns ausgewiesen werden. IAS 22 behandelt die Handhabung von Minderheitsanteilen bei der Neubewertung.
Da Übernahmen oft nicht zu 100 Prozent erfolgen, stellt sich die Frage, wie der Minderheitsanteil an den Aktiven und Passiven bei der Neubewertung zu behandeln ist, insbesondere, ob ein allfälliger Minderheitsanteil auch neu bewertet werden sollte. Hier gibt es zwei mögliche Lösungen.

Beispiel: Behandlung von Minderheitsanteilen bei Neubewertung

Die Unternehmung X übernimmt die Unternehmung Y zu 60%. In der Unternehmung Y befindet sich eine Liegenschaft mit einem Buchwert von 8000 (Beträge in TFr.). Der aktuelle Marktwert dieser Liegenschaft beträgt zum Zeitpunkt der Übernahme 15000.

Bevorzugte Methode («benchmark treatment»)
Der neue Wert dieser Liegenschaft, der in die konsolidierte Jahresrechnung der Unternehmung X eingeht, beträgt 12200 und wird wie folgt berechnet:

X Anteile: 60% von 15000	9 000
Minderheitenanteil: 40% von 8000	3 200
Wert der Liegenschaft in der konsolidierten Jahresrechnung von X	12 200

Erlaubte alternative Methode («allowed alternative treatment»)
Die Berechnung des Wertes der Liegenschaft nach der alternativen Methode lautet:

X Anteile: 60% von 15 000	9 000
Minderheitenanteile: 40% von 15 000	6 000
Wert der Liegenschaft in der konsolidierten Jahresrechnung von X	15 000

Die Bilanzsumme fällt durch Anwendung der erlaubten alternativen Methode höher aus. Die beiden davon betroffenen Bilanzpositionen sind das Sachanlagevermögen in den Aktiven und die Minderheitsanteile in den Passiven. Dies bedeutet jedoch auch, dass der prozentuale Anteil des Eigenkapitals (exklusive Minderheitsanteile) an der Bilanzsumme bei der erlaubten alternativen Methode tiefer ausfällt. Je nachdem welche Ziele die Geschäftsleitung verfolgt, wird sie sich für die eine oder andere Methode entscheiden.

Fusionen

In einzelnen Fällen ist es nicht möglich, eine übernehmende Unternehmung festzustellen, dann nämlich, wenn zwei etwa gleich grosse Unternehmungen sich zusammenschliessen, die jeweiligen Aktionäre etwa gleich viel an der neuen Unternehmung besitzen und die Geschäftsleitung aus beiden Unternehmungen gestellt wird. Ein solcher Unternehmungszusammenschluss, der allerdings nur sehr selten vorkommt, wird mit der **«uniting of interests method»** buchhalterisch erfasst. Bei der «uniting of interests method» werden die Bilanzen der Unternehmungen nicht im Sinne des «purchase accounting» neu bewertet. Die neu entstandene Unternehmung übernimmt die Buchwerte der untergehenden Unternehmungen, und es werden nur solche Änderungen bei der Präsentation der Zahlen gemacht, die nötig sind, damit die gezeigten Resultate mit den Buchführungsrichtlinien der neuen Unternehmung übereinstimmen. Werden Abgeltungen an Aktionäre in Form von Geld oder sonstigen Aktiven gemacht, so ist deren Wert direkt vom Eigenkapital der neuen Unternehmung abzuziehen. Die Kosten für die Fusion werden zum Zeitpunkt des Entstehens als Aufwand in die Jahresrechnung der neu entstandenen Unternehmung aufgenommen. Bei einer Fusion entsteht somit weder ein positiver noch ein negativer Goodwill.

Beispiel: Fusion

Die Unternehmungen C und D haben beschlossen, auf den 1. August 1997 zu fusionieren und sich neu X zu nennen. Der Tatbestand der Fusion konnte klar festgestellt werden. Nachfolgend sind die veröffentlichten konsolidierten Jahresrechnungen der beiden Unternehmungen dargestellt. In der Kolonne «Umbuchungen» werden die Bilanzen der Unternehmungen C und D an das Format der Unternehmung X angepasst. Dies ist deshalb notwendig, da die Unternehmung C, im Gegensatz zur Unternehmung D, Debitoren aus Lieferungen und Leistungen (Debitoren aus L & L) sowie sonstige Debitoren lediglich im Anhang gesondert auswies. Es wurde beschlossen, X soll der Praxis von Unternehmung C folgen.

Konsolidierte Bilanz (Mio. Fr.)	C 1. 8. 1997	D 1. 8. 1997	Summe	Um- buchungen	X 1. 8. 1997
Flüssige Mittel	120	200	320	0	320
Debitoren aus L & L	230	120	350	10	360
Sonstige Debitoren	0	10	10	(10)	0
Warenlager	250	230	480	0	480
Anlagevermögen	150	180	330	0	330
Total Aktiven	750	740	1490	0	1490
Fremdkapital	350	340	690	0	690
Aktienkapital	200	190	390	0	390
Reserven	200	210	410	0	410
Total Passiven	750	740	1490	0	1490

Beispiel Fusion aus dem Geschäftsbericht des Novartis-Konzerns 1996

1. Grundlagen zur Erstellung der Konzernrechnung
Die Novartis-Gruppe wurde am 20. Dezember 1996 durch Übernahme aller Aktiven und Passiven der Sandoz AG und der Ciba-Geigy AG kraft Universalsukzession gebildet. Die Transaktion wurde als Fusion zweier ebenbürtiger Partner mit einem Aktientausch durchgeführt und gab den ehemaligen Sandoz-AG-Aktionären einen Anteil von 55% und den ehemaligen Ciba-Geigy-AG-Aktionären einen Anteil von 45% an der neuen Gesellschaft.
Die Konzernrechnung wurde nach der «uniting of interests»-Methode erstellt, indem alle Transaktionen so verbucht wurden, als ob die Sandoz- und die Ciba-Gruppe bereits in den 3 Jahren vor dem 31. 12. 1996 Bestandteil der Novartis-Gruppe (im weiteren «Novartis» genannt) gewesen wären. (...)

3. Änderungen im Konsolidierungskreis
Die folgenden, wesentlichen Veränderungen erfolgten in den Jahren 1996, 1995 und 1994:

Fusion zwischen Sandoz AG und Ciba-Geigy AG
Wie in Punkt 1 erwähnt, wurde die Fusion der Konzernrechnungen nach der «uniting of interests»-Methode erstellt. Die Kennzahlen der Sandoz AG und der Ciba-Geigy AG lauten wie folgt:

(in Mio. CHF)	*Umsatz*		*Operatives Ergebnis*	
	1996	*1995*	*1996*	*1995*
Sandoz-Gruppe	*15 061*	*15 244*	*2 927*	*2 668*
Ciba-Geigy-Gruppe	*21 172*	*20 699*	*2 854*	*3 046*
Total	*36 233*	*35 943*	*5 781*	*5 714*

Wie aus den folgenden Ausführungen hervorgeht, wurde der Konsolidierungskreis 1996 und 1995 wesentlich verändert. Den grössten Einfluss auf den Jahresvergleich hatte die Desinvestition der Chemikalien Division der ehemaligen Sandoz, welche 1995 CHF 1,1 Mia. zum Umsatz und CHF 100 Mio. zum operativen Ergebnis der Sandoz-Gruppe beitrug.

(in Mio. CHF)	Nettobetriebsvermögen		Eigenkapital	
	1996	1995	1996	1995
Sandoz-Gruppe	6 876	7 286	10 455	8 527
Ciba-Geigy-Gruppe	16 378	14 992	19 372	16 999
Rationalisierungs- und Integrationsanpassungen	– 1 434		– 2 150	
Total	**21 820**	**22 278**	**27 677**	**25 526**

3. Standard zur Geldflussrechnung

IAS 7: Geldflussrechnung («Cashflow statement»)

Grundsatz

Dieser Standard hat sehr vieles mit seinem amerikanischen Vorbild, dem «financial accounting standard (FAS) 95», gemeinsam. Bei der **Darstellung der Geldflussrechnung** gemäss IAS 7 wird, wie auch nach FAS 95, die Veränderung der **Flüssigen Mittel** während einer Periode nach folgenden Kategorien gegliedert:

- Geldfluss aus betrieblicher Tätigkeit
- Geldfluss für Investitionstätigkeit und
- Geldfluss aus Finanzierungstätigkeit.

Des Weiteren bestimmt IAS 7 die Handhabung der nicht zu unterschätzenden **speziellen Situationen,** wie z. B. Geldflüsse bei Tochterunternehmen, die in Fremdwährungen bilanzierten oder Geldflüsse aus Dividenden und Zinsen.

Definition des Geldflusses («Cashflow»)

Der «Cashflow» im Sinne von IAS 7 ist nicht mit dem in der Schweiz gebrauchten Begriff «Cashflow» (entsprechend: Reingewinn plus Abschreibungen plus Veränderung langfristiger Rückstellungen) identisch. Der Hauptunterschied zum Geldfluss aus betrieblicher Tätigkeit liegt dabei an der beim «schweizerischen Cashflow» vernachlässigten Veränderung des Nettoumlaufsvermögens. Der «Cashflow» gemäss IAS 7 zeigt die Veränderung der flüssigen Mittel und ist deshalb kaum manipulierbar. Die vom «schweizerischen Cashflow» gezeigte Grösse kann durch z. B. auf Lager produzierte Waren manipuliert werden.

Darstellung der Geldflussrechnung («Cashflow statement»)

Die Geldflussrechnung soll die Geldflüsse des Unternehmens so darstellen, dass sie der Leserin und dem Leser ermöglicht, sich ein Urteil darüber zu bilden, ob die Unternehmung fähig ist, genügend Geld zu erarbeiten, um
– ihre Geschäftstätigkeit zu finanzieren,
– ihre Verbindlichkeiten zu bezahlen,
– aus dem verbleibenden freien Geldfluss («free Cashflow»), d. h. nach Finanzierung ihrer Geschäftstätigkeit, den Investoren eine angemessene Dividende zu bezahlen.

Flüssige Mittel

Gemäss IAS 7 sind als Flüssige Mittel (Geld) die kurzfristig verfügbaren Bankguthaben und ähnliche Guthaben zu erachten. Als kurzfristig können im Normalfall alle Guthaben angesehen werden, die innert dreier Monate verfügbar sind. Bankverbindlichkeiten werden in der Regel als Finanzierungstätigkeit angesehen. Falls jedoch der Kontosaldo öfters zwischen Guthaben und Schuld wechselt, kann man diese Banküberzüge auch als Fondbestandteil erachten.

Geldfluss aus betrieblicher Tätigkeit («Cashflow from operating activities»)

Beim Geldfluss aus betrieblicher Tätigkeit handelt sich um die Schlüsselkennzahl, mit der die Fähigkeit des Unternehmens, seine Geschäftstätigkeit ohne Beizug von externen Quellen zu finanzieren, beurteilt werden kann.
Wie die US-GAAP empfiehlt IAS 7 die direkte Methode der Darstellung des Geldflusses aus betrieblicher Tätigkeit, also alle Geldeinnahmen und -ausgaben darzustellen. Die direkte Methode setzte sich jedoch nicht durch, und nahezu alle Unternehmen erstellen die Geldflussrechnung nach der indirekten Methode. Der Reingewinn wird um die nicht geldwirksamen Transaktionen, Veränderungen von Rückstellungen und Bestandteilen des Nettoumlaufvermögens, und um die Geldflüsse aus Finanzierungs- und Investierungstätigkeiten korrigiert. Daraus ergibt sich der Geldfluss aus betrieblicher Tätigkeit.

Geldfluss aus Investitionstätigkeit («Cashflow from investing activities»)

Unter dieser Kategorie werden unter anderem folgende Geldflüsse aufgeführt:

– Geldzahlungen für den Kauf von Maschinen, Mobiliar und Immobilien sowie Erlöse aus dem Verkauf derselben.
– Geldzahlungen für den Kauf von Wertschriften, Beteiligungen und gleichartigen Finanzinstrumenten (mit Ausnahme jener, die als flüssige Mittel erachtet werden) sowie Erlöse aus dem Verkauf derselben.
– Darlehensvergabe und Rückzahlungen (für Banken nicht zutreffend).
– Geldzahlungen für den Kauf von Unternehmungen (Übernahmen) abzüglich der flüssigen Mittel des übernommenen Unternehmens.

Diese Kategorie des Geldflusses zeigt auf, wie viel Mittel investiert werden mussten, um die betriebliche Tätigkeit aufrecht zu erhalten bzw. auszubauen.

Geldfluss aus Finanzierungstätigkeit («Cashflow from financing activities»)

Hier werden unter anderem die folgenden Geldflüsse ausgewiesen:

- Geldzugänge durch Ausgabe von Aktien oder anderen Eigenmittelinstrumenten.
- Geleistete Zahlung für die Rückzahlung resp. Kauf von eigenen Aktien oder anderen Eigenmittelinstrumenten.
- Geldzugänge durch Ausgabe bzw. Aufnahme von Anleihen, Krediten, Hypotheken und anderen kurz- oder langfristigen Ausleihungen.
- Geleistete Rückzahlungen von Ausleihungen.
- Geldzahlungen für die Amortisation von Leasingschulden.
- Dividendenzahlungen (darf auch als Geldfluss aus betrieblicher Tätigkeit gezeigt werden).

Die Finanzierung ist der Ausgleichsposten zum Geldfluss aus betrieblicher Tätigkeit und der Investitionstätigkeit. Erarbeitet das Unternehmen mehr flüssige Mittel, als es investieren muss, wird entweder Geld angehäuft, die Schulden oder gar das Eigenkapital zurückbezahlt.

Spezielle Situationen

■ Fremdwährungen

Jahresrechnungen bei Konzerngesellschaften, die in einer Fremdwährung erstellt werden, sind die Hauptursache dafür, dass die Veränderungen von Bilanzpositionen nicht mit den jeweiligen Geldflüssen der Geldflussrechnung übereinstimmen. Dem währungsbedingten Teil der Veränderung liegt kein Geldfluss zugrunde, und deshalb muss dieser aus der Geldflussrechnung ausgeschlossen werden.

Beispiel: Fremdwährung

Die G-Gruppe besteht aus zwei Gesellschaften, einer Muttergesellschaft in der Schweiz, deren Bücher in Schweizer Franken geführt werden, und einer Tochter im Ausland, die in Fremdwährung (FW) rapportiert. Auf den 31. Dezember 1996 ist die Veränderung der Debitoren für die Geldflussrechnung zu ermitteln. Wie von IAS 7 gefordert, ist die nicht geldwirksame Veränderung, die durch die Schwankungen des Wechselkurses verursacht wurde, zu eliminieren.

Veränderung der Debitoren der G-Gruppe

	31. 12. 1995	31. 12. 1996	Veränderung
Muttergesellschaft			
Debitoren in CHF	1 200 000	1 150 000	CHF (50 000)
Tochtergesellschaft			
Debitoren in FW	800 000	750 000	FW (50 000)
Umrechnungskurs	1.20	1.35	
Debitoren in CHF	960 000	1 012 500	CHF 52 500
Total Debitoren in CHF	**2 160 000**	**2 162 500**	**CHF 2 500**

Würde man die Wechselkursveränderung nicht vom Geldfluss ausschliessen, so würde der Geldfluss aus betrieblicher Tätigkeit um Fr. 2500.– für die Erhöhung der Debitoren reduziert.

Um den wirklichen Geldfluss zu ermitteln, müssen wir die Veränderung der Debitoren von Anfang bis Ende Jahr zum gewichteten Durchschnittskurs des Jahres 1996 umrechnen. Als gewichteten Durchschnittskurs nehmen wir 1.30 an.

	31. 12. 1995	31. 12. 1996	Veränderung
Muttergesellschaft			
Debitoren in CHF	1 200 000	1 150 000	CHF (50 000)
Tochtergesellschaft			
Debitoren in FW	800 000	750 000	FW (50 000)
Umrechnungskurs	1.30	1.30	
(gewichteter Durchschnitt)			
Debitoren in CHF	1 040 000	975 000	CHF (65 000)
Total Debitoren in CHF z. K. 1996	**2 240 000**	**2 125 000**	**CHF (115 000)**

Bereinigt um die Wechselkursveränderung, haben die Debitoren um Fr. 115 000.– abgenommen, und der Geldfluss aus betrieblicher Tätigkeit erhöht sich um diesen Betrag.

■ Verrechnung von Geldflüssen

Geldflüsse dürfen miteinander nur in den vorgegebenen Fällen verrechnet werden, z. B. bei Aufnahme und Rückzahlung von kurzfristigen Bankkrediten und bei Kauf und Verkauf von Wertschriften. Bei Banken bestehen mehr Verrechnungsmöglichkeiten.

■ Zinsen und Dividenden

Bezahlte Zinsen und erhaltene Zinsen und Dividenden dürfen – bei Banken ist es sogar obligatorisch – als Geldflüsse aus betrieblicher Tätigkeit ausgewiesen werden. Diese Handhabung wird von den meisten Konzernen angewendet. Bezahlte Dividenden werden normalerweise als Geldfluss aus Finanzierungstätigkeit ausgewiesen. IAS erlaubt aber auch, die Dividendenzahlung als Geldfluss aus betrieblicher Tätigkeit zu zeigen.

■ Ertragssteuern

Solange Ertragssteuern nicht einer anderen Kategorie zugewiesen werden können, sind sie als Geldfluss aus betrieblicher Tätigkeit aufzuführen.

■ Kauf und Verkauf von Unternehmungen

Die Veränderungen von Bilanzpositionen, die aufgrund eines Kaufes oder Verkaufes einer Unternehmung zustande kamen, müssen ausgeschlossen werden, und der bezahlte bzw. erhaltene Betrag ist als Geldfluss aus Investitionstätigkeit auszuweisen. Zusätzlich sind im Anhang der Kauf- bzw. Verkaufspreis, die wichtigsten Bilanzpositionen der Übernahmebilanz und der durch Geld abgegoltene Betrag auszuweisen.

■ Assoziierte Gesellschaften und Gemeinschaftsunternehmungen

Bei Anwendung der Equity- und der Anschaffungswertmethode sollten lediglich die effektiven Geldflüsse, wie z. B. erhaltene Dividenden und Kapitalerhöhungen, in der Geldflussrechnung ausgewiesen werden. Bei Gemeinschaftsunternehmungen sollten die Geldflüsse des gemeinsam kontrollierten Unternehmens anteilmässig aufgenommen werden.

■ Geldunwirksame Transaktionen

Diese Transaktionen dürfen nicht in die Geldflussrechnung aufgenommen werden, sind jedoch angemessen in der Jahresrechnung zu erklären. Beispiele sind der Kauf von Anlagevermögen unter Finanzleasing oder der Kauf einer anderen Unternehmung, bei dem die Abgeltung durch neu ausgegebene Aktien erfolgt.

Beispiel: Erstellung und Darstellung einer Geldflussrechnung

Zur Vereinfachung wurden weder Gliederungsvorschriften noch die Darstellung gemäss IAS in allen Fällen vollständig eingehalten. Sämtliche Konzerngesellschaften bilanzieren in Schweizer Franken (siehe Problematik unter dem vorangegangenen Beispiel «Fremdwährungen» auf der S. 89).
Für den ABC-Konzern ist eine Geldflussrechnung nach der indirekten Methode für das Geschäftsjahr 1996 zu erstellen. Folgende Angaben sind in der Geldflussrechnung zu berücksichtigen (Beträge in Mio. Schweizer Franken):

– Auf den 1. Januar 1996 wurde die XYZ-Gruppe übernommen. Der Kaufpreis wurde in bar entrichtet und betrug 600. Die Marktwerte der Aktiven und Passiven per Übernahmedatum (gekaufter Goodwill von 300 ist nicht aufgeführt) zeigt die folgende Bilanz:

Konzernbilanz XYZ-Gruppe per 1. 1. 1996 (zu Marktwerten bewertet)	Mio. Fr.
Flüssige Mittel	60
Forderungen	220
Warenlager	40
Sachanlagen	150
Total Aktiven	**470**
Kreditoren	100
Langfristige Bankschulden	70
Eigenkapital	300
Total Passiven	**470**

– Während des abgelaufenen Geschäftsjahres wurden durch den ABC-Konzern Sachanlagen für 700 angeschafft. 560 wurden bar bezahlt und für 140 wurden direkt Leasingverträge abgeschlossen. Für 40 wurden Sachanlagen mit einem Buchwert von 40 verkauft.
– Der ABC-Konzern bezahlte im Geschäftsjahr 1996 eine Dividende von 80.
– Die Abschreibungen auf dem Sachanlagevermögen betrugen 260 und auf dem Immateriellen Anlagevermögen 35.
– Auf den 1. Juli 1996 wurde das Aktienkapital um nominal 100 erhöht. Mit Agio zusammen betrug der Gesamterlös der Emission 300.
– Die bezahlten Steuern entsprechen dem als Aufwand ausgewiesenen Betrag. Die bezahlten Zinsen betrugen 30.

Konsolidierte Jahresrechnung des ABC-Konzerns per 31. Dezember

Konzernbilanz	1996 Mio. Fr.	1995 Mio. Fr.	Diff. Mio. Fr.
Flüssige Mittel	200	250	− 50
Forderungen	800	700	100
Warenlager	650	500	150
Sachanlagen	1 350	800	550
Goodwill	315	50	265
Total Aktiven	**3 315**	**2 300**	**1 015**
Kreditoren	− 1 365	− 1 250	− 115
Langfristige Finanzschulden	− 900	− 400	− 500
Aktienkapital	− 500	− 400	− 100
Reserven und Gewinnvortrag	− 550	− 250	− 300
Total Passiven	**− 3 315**	**− 2 300**	**− 1 015**

Konzernerfolgsrechnung	1996 Mio. Fr.
Verkäufe	4 000
Kosten der verkauften Ware	− 3 000
Sonstige Unkosten	− 700
Reingewinn des Jahres vor Steuern	300
Steuern	− 120
Reingewinn des Jahres	180

Analyse der Veränderungsbilanz	Differenz Mio. Fr.	Einfluss Kauf von XYZ-Gruppe Mio. Fr.	Abschreibung Sachanlagen und Goodwill Mio. Fr.	Verkauf Anlagevermögen Mio. Fr.	AK-Erhöhung und Dividende Mio. Fr.	Nicht geldwirksamer AV-Kauf Mio. Fr.	Betrag gemäss Geldflussrechnung Mio. Fr.
Flüssige Mittel	− 50						− 50
Forderungen	100	− 220					− 120
Warenlager	150	− 40					110
Sachanlagen	550	− 150	260	40		− 140	560
Goodwill	265	− 300	35				0
Kreditoren	− 115	100					− 15
Langfristige Finanzschulden	− 500	70				140	− 290
Aktienkapital	− 100				100		0
Reserven und Gewinnvortrag	− 300				200 / − 80		180
Betrag gemäss Geldflussrechnung		540	295	40	300 / − 80		0

Konzerngeldflussrechnung	1996 Mio. Fr.
Reingewinn des Jahres	180
Abschreibungen	295
Veränderungen des Nettoumlaufsvermögens:	
Abnahme Forderungen	120
Zunahme Warenlager	– 110
Abnahme Kreditoren	15
Geldfluss aus betrieblicher Tätigkeit	500
Kauf von Sachanlagen	– 560
Verkauf von Sachanlagen	40
Akquisition XYZ-Gruppe – netto der akquirierten Flüssigen Mittel	– 540
Geldfluss aus Investitionstätigkeit	– 1 060
Geldeingang aus Kapitalerhöhung	300
Aufnahme Bankkredite	290
Zahlung Dividende	– 80
Geldfluss aus Finanzierungstätigkeit	510
Abnahme Flüssige Mittel	**– 50**
Zusatzangaben:	
Nicht geldwirksamer Kauf von Sachanlagen anhand von Finanzleasing	140
Bezahlte Zinsen	30
Bezahlte Steuern	120

Beispiel Geldflussrechnung aus dem Geschäftsbericht des Novartis-Konzerns 1996

«Novartis-Konzernrechnung

Konsolidierte Geldflussrechnungen (1996, 1995 und 1994)

	Erläute-rungen	1996 Mio. CHF	1995 Mio. CHF	1994 Mio. CHF
Reingewinn		*2 304*	*4 216*	*3 647*
Abschreibungen				
– Sachanlagen		*1 656*	*1 800*	*1 829*
– Immaterielle und finanzielle Anlagen		*130*	*92*	*62*
Restrukturierungskosten und andere langfristige Sonderkosten		*998*	*60*	*–*
Veränderung latente Steuern, Minderheitsanteile und andere nicht geldwirksame Veränderungen		*– 864*	*36*	*228*
Geldfluss inklusive Netto-Gewinn aus Desinvestitionen und vor Veränderung des Netto-Umlaufvermögens		***4 224***	***6 204***	***5 766***
Netto-Gewinne aus Desinvestitionen		*– 1 748*	*– 435*	*–*
Veränderung des Umlaufvermögens infolge von Restrukturierungskosten und anderen Sonderkosten		*3 128*	*–*	*–*
Übrige Veränderungen im Umlaufvermögen	24	*– 863*	*– 40*	*– 718*
Geldfluss aus betrieblichen Aktivitäten		***4 741***	***5 729***	***5 048***
Investitionen in Sachanlagen		*– 1 877*	*– 1 851*	*– 2 217*
Investitionen in immaterielles und finanzielles Anlagevermögen		*– 576*	*– 2 774*	*– 829*
Verkauf von Sachanlagen und immateriellem Anlagevermögen		*246*	*215*	*250*
Akquisitionen/Desinvestitionen von Konzerngesellschaften (ohne erworbene/veräusserte flüssige Mittel)	25	*2 463*	*1 757*	*– 4 909*
Akquisitionen von Minderheitsanteilen		*– 18*	*– 93*	*–*
Geldfluss aus Investitions-Aktivitäten		***238***	***– 2 746***	***– 7 705***
Kapital und Agio aus ausgeübten Optionen		*40*	*733*	*380*
Veränderung lang- und kurzfristige finanzielle Verbindlichkeiten		*– 636*	*167*	*2 617*
Dividendenausschüttung an Dritte		*– 1 158*	*– 934*	*– 852*
Geldfluss aus Finanzierungs-Aktivitäten		***– 1 754***	***– 34***	***2 145***
Umrechnungsdifferenz auf Liquidität		*444*	*– 161*	*– 295*
Netto-Zunahme (Abnahme) der Liquidität		***3 669***	***2 788***	***– 807***
Liquidität am Jahresbeginn		*15 374*	*12 586*	*13 393*
Liquidität am Jahresende		***19 043***	***15 374***	***12 586***

Die Liquidität umfasst liquide Mittel, kurzfristige Geldanlagen und Wertschriften.

* Die Erläuterungen im Anhang sind Bestandteil der Konzernrechnung.

23. Free cash flow

(Gemäss Definition der Novartis-Gruppe)

	1996 Mio. CHF	1995 Mio. CHF	1994 Mio. CHF
Geldfluss aus betrieblichen Aktivitäten	4 741	5 729	5 048
Investitionen in Sachanlagen	− 1 877	− 1 851	− 2 217
Investitionen in immaterielles Anlagevermögen			
(1995: exklusive Chiron-Zahlungen von CHF 1 913 Mio.)	− 576	− 861	− 829
Verkauf Sachanlagen und immaterielles Anlagevermögen	246	215	250
Dividendenausschüttung an Dritte	− 1 158	− 934	− 852
Free cash flow	**1 376**	**2 298**	**1 400**

24. Geldfluss aus Veränderung des Umlaufvermögens vor Restrukturierungskosten und ausserordentlichen Posten

	1996 Mio. CHF	1995 Mio. CHF	1994 Mio. CHF
Veränderung Vorräte	− 281	− 547	117
Veränderung Forderungen aus Lieferungen und Leistungen und übriges Umlaufvermögen	− 469	169	− 868
Veränderung Lieferanten	− 113	338	133
Übrige	−	−	− 100
Total	**− 863**	**− 40**	**− 718**

25. Geldfluss aus wesentlichen Akquisitionen und Desinvestitionen von Konzerngesellschaften

	1996 Desinvestitionen Mio. CHF	1996 Akquisitionen Mio. CHF	1995 Desinvestitionen Mio. CHF	1995 Akquisitionen Mio. CHF
Sachanlagen	675	− 36	1 117	− 40
Übriges Anlagevermögen	29	− 21	26	−
Vorräte	450	− 42	705	10
Forderungen aus Lieferungen und Leistungen	554	− 24	560	− 16
Übriges Umlaufvermögen	85	− 20	70	− 70
Liquidität	90	− 6	58	− 5
Langfristige und kurzfristige finanzielle Verbindlichkeiten an Dritte	−	97	− 90	19
Lieferanten und übrige Verbindlichkeiten	− 449	52	− 680	26
Akquirierte/desinvestierte Netto-Aktiven	**1 434**	**−**	**1 766**	**− 96**
abzüglich veräusserte/erworbene liquide Mittel und kurzfristige Geldanlagen	− 90	6	− 58	5
Zwischentotal	**1 344**	**6**	**1 708**	**− 91**
Goodwill	−	− 635	−	− 295
Netto-Gewinn aus Desinvestitionen	1 748	−	435	−
Netto-Geldfluss	**3 092**	**− 629**	**2 143**	**− 386**

Die bedeutendsten Desinvestitionen im Jahre 1996 waren die Verkäufe der MBT-Gruppe und der Mettler-Toledo-Gruppe sowie wesentlicher Teile des Agribusiness-Geschäftes der ehemaligen Sandoz-Gruppe in den USA. Diese Transaktionen werden in Erläuterung 2 ausführlicher geschildert. Im Geldfluss der Desinvestitionen sind finanzielle Verbindlichkeiten und konzerninterne Verbindlichkeiten von CHF 455 Mio. berücksichtigt, welche auf den Käufer übertragen wurden.

Die bedeutendsten Akquisitionen waren Azupharma GmbH, Deutschland, und Imutran Ltd., Grossbritannien.

Die bedeutendste Desinvestition des Jahres 1995 war die der ehemaligen Sandoz-Division-Chemikalien, welche am 1. Juli 1995 ausgegliedert und als unabhängige Gesellschaft, Clariant AG, an der Börse eingeführt wurde. Sandoz hat alle in ihrem Besitz befindlichen Clariant-Aktien (4 Mio. Aktien) im Rahmen einer globalen Platzierung zum Preis von CHF 385 pro Aktie veräussert, was zu einem Geldfluss von brutto CHF 1540 Mio. führte. Auch wurden Verbindlichkeiten gegenüber Dritten und anderen Konzerngesellschaften von CHF 737 Mio. der Clariant AG übertragen.

Die wesentlichste Akquisition des Jahres 1994 war die der Gerber Products Company, welche nach Abzug der liquiden Mittel CHF 4718 Mio. kostete und zu einem Goodwill von CHF 4582 führte.»

4. Standards zur Offenlegung

IAS 1: Offenlegung der Rechnungslegungsgrundsätze
IAS 5: Zusatzinformationen
IAS 13: Darstellung von kurzfristigen Aktiven und Passiven
IAS 14: Darstellung von Segmentinformationen
IAS 24: Nahe stehende Personen und Gesellschaften
IAS 30: Rechnungslegung von Banken und ähnlichen Finanzinstituten
IAS 32: Finanzinstrumente: Offenlegung und Darstellung

Einführung

Durch die Offenlegungsvorschriften werden die den Investoren zur Verfügung zu stellenden Informationen normiert. In ihnen werden keine Bewertungshöchstgrenzen oder Aktivierungskriterien festgelegt, sondern lediglich vorgeschrieben, was und wie im Anhang erwähnt werden muss. Gerade deshalb sind sie oft die am stärksten umstrittenen Standards, denn Angelegenheiten, die man gerne vor den Investoren, aber auch vor der Konkurrenz verschleiert hätte, müssen aufgedeckt werden.
Nebst den oben aufgeführten Standards, die sich nahezu ausschliesslich mit der Offenlegung beschäftigen, bestehen Offenlegungsvorschriften in den bereits in anderen Kapiteln abgehandelten Standards.
Die Offenlegungsvorschriften der IAS haben ein Mass angenommen, das bereits ein eigenes Buch rechtfertigen würde. Um sicherzugehen, dass sämtliche Offenlegungsvorschriften eingehalten werden, ist es empfehlenswert, sich eine IAS-Checkliste von einer Revisionsgesellschaft zu besorgen (siehe Anhang).
Die Offenlegungsvorschriften werden in Zukunft noch verschärft. Dies hat zur Folge, dass die von den Revisionsgesellschaften erstellten Checklisten schon bald den doppelten Umfang haben werden.

Offenlegung der Rechnungslegungsgrundsätze (IAS 1)

In den **Rechnungslegungsgrundsätzen** ist offenzulegen, wie die jeweilige Position der Jahresrechnung bewertet und berechnet wird. Vereinfacht ausgedrückt sind sie eine grobe Zusammenfassung der Konzernrichtlinien zur Buchführung.

Es ist von Vorteil, die Rechnungslegungsgrundsätze wie im folgenden Beispiel als separate Position auszuweisen:

– Bilanz
– Erfolgsrechnung
– Geldflussrechnung (siehe Abschnitt Geldflussrechnung, S. 87ff.)

- Konsolidierungsgrundsätze (siehe Abschnitt «Konzernrechnung», S. 65ff.)
- **Rechnungslegungsgrundsätze**
- Anhang
  (d. h. Details zu den Bilanzpositionen und die von den Offenlegungs-Standards ge-
  forderten Angaben)
- Liste der in die Konzernrechnung eingeschlossenen Unternehmen

Alle wesentlichen Rechnungslegungsgrundsätze (z. B. Warenlagerbewertung, Bewertung
von Sachanlagen und Abschreibungsdauer oder die Bewertung der Wertschriften) sind
im Anhang offen zu legen und sind Teil der Jahresrechnung. Die Rechnungslegungsgrundsätze müssen auf den folgenden Grundpfeilern beruhen:

- dem Vorsichtsprinzip («prudence»)
- der wirtschaftlichen Betrachtungsweise, die wichtiger ist als die rechtliche Situation
  («substance over form»)
- der Wesentlichkeit («materiality»)

Die Rechnungslegung hat grundsätzlich von den folgenden Voraussetzungen aus-
zugehen:

- Fortführung der Geschäftstätigkeit («going concern»)
- Kontinuität («consistency»)
- Periodenabgrenzung («accrual»)

Falls von einer dieser Voraussetzungen abgewichen wird, ist dies begründet offen zu
legen.
Werden die Grundsätze der IAS nicht eingehalten, z. B. durch falsche oder unange-
brachte Angaben in der Jahresrechnung, kann auch durch die Offenlegung solcher Ver-
stösse im Anhang nicht von einer Einhaltung der IAS gesprochen werden.

Zusatzinformationen (IAS 5)

In diesem Standard werden die grundlegenden, für das Verständnis der Jahresrechnung
und des Anhanges geforderten Erläuterungen, Mindestgliederungen sowie weitere
Angaben über die Geschäftstätigkeit gefordert. Obwohl aufgrund des Titels kaum zu
vermuten, fordert dieser Standard zum Teil äusserst sensitive Erläuterungen.

■ Geforderte allgemeine Angaben
Grundsätzlich fordert IAS 5 die Offenlegung sämtlicher Angaben, die der Verständlichkeit und Klarheit der Jahresrechnung dienen. Dazu gehört auch eine Kurzbeschrei-
bung der Geschäftstätigkeit, des Namens, der Rechtsform und die Angabe des Landes,
wo die Unternehmung ihren Hauptsitz hat. Weiters sind das Abschlussdatum und die
Geschäftsperiode anzugeben.

- ■ **Geforderte Angaben zur Bilanz und Erfolgsrechnung**

    IAS 5 enthält die Mindestgliederungsvorschriften für die Bilanz und Erfolgsrechnung. Gefordert werden auch Angaben zu Eventualverbindlichkeiten, verpfändeten Aktiven, Aktiven unter Leasing, Pensionsverpflichtungen und Angaben zu den langfristigen Finanzverbindlichkeiten.

Darstellung von kurzfristigen Aktiven und Passiven (IAS 13)

Dieser Standard definiert, welche Bilanzpositionen als kurzfristig zu klassieren sind und wie die Darstellung in der Bilanz zu erfolgen hat. Sehr wichtig für die Klassifizierung ist, aus welcher Grundüberlegung das Management die jeweilige Bilanzposition eingegangen ist. Wurden z. B. Aktien aus langfristigen Überlegungen gekauft, müssen diese als Wertschriften des Anlagevermögens ausgewiesen werden.

Darstellung von Segmentinformationen (IAS 14)

Aufgrund der Segmentinformationen sollen Bilanzleser und -leserinnen in der Lage sein, die Verankerung des Unternehmens in den jeweiligen Branchen und Regionen zu beurteilen. Ebenfalls soll ersichtlich sein, welche Bereiche wieviel zum Unternehmensergebnis beitragen. Dem Investor bietet sich somit die Möglichkeit, zu beurteilen, ob sich das Unternehmen in den Wachstumsmärkten oder in gesättigten Märkten betätigt.

Der Standard verpflichtet börsenkotierte und andere wirtschaftlich wichtige Unternehmen, Angaben über die wesentlichen Geschäftstätigkeiten (Branchen) und geografischen Regionen, in denen sie tätig sind, zu machen, mindestens auf Ebene Konzernabschluss.

**Beispiel Segmentinformation aus dem Geschäftsbericht
des Alusuisse-Lonza-Konzerns 1996**

Segmentinformation nach Geschäftstätigkeit Millionen CHF	*Nettoumsatz* mit Dritten		*Betriebsergebnis*		*Netto investiertes Vermögen**	
	1996	1995	**1996**	1995	**1996**	1995
Chemie	**1 747**	1 774	**219**	220	**1 448**	1 305
Packaging	**3 221**	2 780	**253**	205	**1 420**	1 159
Aluminium	**2 205**	2 198	**228**	228	**1 360**	1 312
Übrige	**125**	127	**2**	− 3	**61**	31
Subtotal	**7 298**	6 879	**702**	650	**4 289**	3 807
Rohstoffhandel	**746**	611	**n.a.**	n.a.	**n.a.**	n.a.
Total	**8 044**	7 490	**702**	650	**4 289**	3 807

* Netto investiertes Vermögen beinhaltet den Durchschnitt sämtlicher Vermögensteile, die durch die betriebliche Geschäftstätigkeit gebunden sind.

In %	Operative Umsatzrentabilität		Rentabilität des netto investierten Vermögens**	
	1996	1995	1996	1995
Chemie	12,5	12,4	15,1	16,9
Packaging	7,9	7,4	16,8	17,7
Aluminium	10,3	10,4	17,3	17,4
Übrige	n.a.	n.a.	n.a.	n.a.
Subtotal	9,6	9,4	16,0	17,1
Rohstoffhandel	n.a.	n.a.	n.a.	n.a.
Total	8,7	8,7	16,0	17,1

Nach Regionen in Mio. Fr.	Nettoumsatz mit Dritten		Betriebsergebnis		Netto investiertes Vermögen*	
	1996	1995	1996	1995	1996	1995
Europa	6 274	6 115	516	472	3 183	2 977
Übrige Gebiete	1 770	1 375	186	178	1 106	830
Total	8 044	7 490	702	650	4 289	3 807

In %	Umsatzrentabilität		Rentabilität des netto investierten Vermögens**	
	1996	1995	1996	1995
Europa	8,2	7,7	16,3	15,9
Übrige Gebiete	10,5	12,9	15,4	21,4
Total	8,7	8,7	16,0	17,1

* Netto investiertes Vermögen beinhaltet den Durchschnitt sämtlicher Vermögensteile, die durch die betriebliche Geschäftstätigkeit gebunden sind.
** Unter Berücksichtigung der während des Geschäftsjahres gekauften Konzerngesellschaften.

Nahe stehende Personen und Gesellschaften (IAS 24)

Dieser Standard bezweckt sämtliche Verbindungen und Transaktionen zu Personen und Gesellschaften offen zu legen, die aufgrund ihrer Beziehung zum Unternehmen Transaktionen eingehen könnten, die ein Dritter nicht könnte resp. würde.

Als nahe stehende Personen oder Gesellschaften im Sinne dieses Standards werden folgende Gruppen angesehen:

– Direkte und indirekte Mutter-, Tochter- und Schwestergesellschaften.
– Assoziierte Gesellschaften.

– Wesentliche Aktionäre und ihre nahen Familienmitglieder.
– Die Geschäftsleitung und Verwaltung sowie deren nahe Familienmitglieder.
– Gesellschaften, die durch Personen der zwei letztgenannten Gruppen kontrolliert werden.

Beziehungen des Unternehmens zu einer der obigen Gruppen sind, selbst wenn keine Transaktionen stattgefunden haben, offen zu legen. Falls wesentliche Transaktionen stattgefunden haben, sind sie in der Jahresrechnung betragsmässig anzugeben.

IAS 24 gibt folgende Beispiele:

– Kauf und Verkauf von Waren, Liegenschaften und sonstigen Aktiven
– Erbringung und Bezug von Dienstleistungen (inkl. Forschung und Entwicklung)
– Vertretungs- und Franchisingverträge
– Leasingverträge
– Lizenzverträge
– Finanzierungen (inkl. Darlehen und Kapitalbeteiligungen)
– Garantien
– Managementverträge

Falls ein Konzernabschluss erstellt wird, kann auf den Ausweis von Beziehungen zwischen Konzerngesellschaften verzichtet werden.

Rechnungslegung von Banken und ähnlichen Finanzinstituten (IAS 30)

In diesem Standard werden die Mindestgliederungsvorschriften der Bilanz und Erfolgsrechnung für Banken und ähnliche Finanzinstitutionen festgesetzt. Zusätzlich werden Angaben zu Eventualverbindlichkeiten, inklusive Ausserbilanzgeschäfte, gefordert.

Die Offenlegungsbestimmungen betreffen insbesondere

– die Fristigkeit der Aktiven und Passiven,
– Klumpenrisiken bei Aktiven, Passiven und Ausserbilanzgeschäften in Bezug auf geografische Lage, Kunden- bzw. Industriegruppen und Währungen,
– die Behandlung von Verlusten auf Darlehen und die Veränderungen der entsprechenden Rückstellungen,
– allgemeine Bankrisiko-Rückstellungen. Diese sind als Teil des Eigenkapitals zu behandeln und sind als solche offen zu legen,
– verpfändete Aktiven,
– Treuhandgeschäfte.

Finanzinstrumente: Offenlegung und Darstellung (IAS 32)

Dieser Standard fordert nicht nur die Offenlegung sämtlicher wesentlicher Transaktionen mit derivativen Instrumenten (Futures, Optionen, Swaps usw.), unter Angabe von Nennwert, Bilanzwert, Marktwert nach Währungen, sondern es sollten auch angemessene Angaben für **Risiken in monetären** Bilanzpositionen gemacht werden, z. B.:

- wesentliche Fremdwährungspositionen,
- Angaben zur Fälligkeit (z. B. 1–3 Jahre, bis 5 Jahre, über 5 Jahre),
- Informationen zu den Zinssätzen nach Währungen (gewogener Durchschnitt oder Bandbreiten),
- ob und welche Absicherungsgeschäfte bestehen,
- der Marktwert («fair value»). Falls der Buchwert über dem aktuellen Marktwert liegt, ist eine zusätzliche Erklärung abzugeben (z. B. möglich bei Beteiligungen, falls der Aktienkurs unter dem inneren Wert liegt),
- Klumpenrisiken (maximales Ausfallrisiko ohne Einbezug von Sicherheiten).

Zusätzlich wird verlangt, dass Finanzierungsinstrumente wie Options- und Wandelanleihen bei Ausgabe in einen Eigen- und Fremdkapitalanteil aufgeteilt werden. Nicht der bezahlte Nominalzins, sondern der zum Zeitpunkt der Emission gültige Marktzins soll der Erfolgsrechnung belastet werden.

Beispiel: Buchhalterische Behandlung einer Optionsanleihe nach IAS 32

Im Beispiel wurde der Zinseszinseffekt der Einfachheit halber nicht berücksichtigt. Ein Unternehmen gibt am 1. 1. 1996 eine nominal Mio. Fr. 100, 3jährige, 3% Optionsanleihe zu 100% aus. Der aktuelle Zinssatz für eine normale Anleihe ist bei 5%. Der Marktwert der Option entspricht 6% (3 Jahre zu je etwa 2%). Die Buchungen sind wie folgt vorzunehmen:

	Soll-Konto	Haben-Konto	Soll Mio. Fr.	Haben Mio. Fr.
1996				
Geldeingang aus Ausgabeanleihe	Bank		100	
94% Anteil Fremdkapital		Finanzverbindl.		94
6% Anteil EK aus Optionsrecht		Eigenkapital		6
			100	100
Zinszahlung an Obligationäre		Bank		3
Amortisation Diskontanleihe		Finanzverbindl.		2
Aufwand p.a. in Erfolgsrechnung	Zinsaufwand		5	
			5	5

	Soll-Konto	Haben-Konto	Soll Mio. Fr.	Haben Mio. Fr.
1997:				
Zinszahlung an Obligationäre		Bank		3
Amortisation Diskontanleihe		Finanzverbindl.		2
Aufwand p. a. in Erfolgsrechnung	Zinsaufwand		5	
			5	5
1998:				
Zinszahlung an Obligationäre		Bank		3
Amortisation Diskontanleihe		Finanzverbindl.		2
Aufwand p. a. in Erfolgsrechnung	Zinsaufwand		5	
			5	5
Rückzahlung der Anleihe	Finanzverbindl.		100	
		Bank		100
			100	100

103

US-Vergleich und Zukunftsperspektiven

1. Einführung

Die wesentlichsten Unterschiede zwischen Rechnungslegungsvorschriften fallen oftmals nur im direkten Vergleich auf. Im folgenden Kapitel werden die IAS den US-GAAP gegenübergestellt. Die US-GAAP stellen neben den IAS das umfassendste Regelwerk dar.

Auf weitere Vergleiche mit anderen Regelwerken wurde aus folgenden Gründen verzichtet:

- **Obligationenrecht**
  Das Obligationenrecht regelt nur einen Bruchteil dessen, was IAS abdecken. Ein Vergleich würde äusserst einseitig ausfallen. Dies ist auch bei den meisten anderen nationalen Rechnungslegungsvorschriften der Fall (wie z. B. BiRiLiG).

- **Fachempfehlungen zur Rechnungslegung (FER)**
  Die FER sind eine Art Zwischenstufe vom Obligationenrecht zu den IAS. Sie sind die ideale Alternative für jene börsenkotierten Unternehmen, die sich nicht auf die internationalen Kapitalmärkte stützen. Auch hier würde ein Vergleich einseitig ausfallen, da die FER nicht den Umfang der IAS haben und viele Wahlmöglichkeiten vorsehen.

- **EU-Richtlinien (EURL)**
  Die EURL sind lediglich die Mindestkriterien, die ein EU- bzw. ein EWR-Land in seiner nationalen Gesetzgebung umsetzen muss. Die EURL resp. deren Umsetzungen in den nationalen Gesetzgebungen konnten sich an den internationalen Finanzmärkten nicht profilieren. Seitens der EU besteht die Absicht, die EURL bzw. deren nationale Umsetzungen IAS-konform zu gestalten.

Das Kapitel «Zukunftsperspektiven der IAS» verdeutlicht, in welche Richtung sich die IAS entwickeln.

2. Vergleich IAS gegenüber amerikanischen Standards (US-GAAP)

FASB-Bericht

Ende 1996 veröffentlichte der amerikanische Financial Accounting Standards Board (FASB), der grundsätzlich in den USA die Rechnungslegungsrichtlinien festlegt, einen Vergleich zwischen den IAS und den US-GAAP («generally accepted accounting principles» = allgemein anerkannte Rechnungslegungsrichtlinien). Dieser Bericht heisst «The IASC-U. S. Comparison Project: A Report on the Similarities and Differences between IASC Standards and U. S. GAAP». Obwohl der Bericht sowohl die Ähnlichkeiten als auch die Unterschiede zwischen den beiden Regelwerken untersuchen sollte, liegt das Schwergewicht ganz eindeutig bei der Hervorhebung von Unterschieden. Es werden darin insgesamt 255 Unterschiede zwischen den IAS und US-GAAP aufgelistet. Davon sind 37 darauf zurückzuführen, dass spezifische Themata entweder in den IAS oder in US-GAAP nicht behandelt sind. Weitere 27 Unterschiede entstehen, weil für einen bestimmten Geschäftsfall ein Regelwerk (meistens IAS) mehr als eine Möglichkeit für die Verbuchung vorsieht, das andere dagegen nur eine Alternative zulässt.

Harris-Studie

Ein Jahr früher erschien eine viel positivere Studie von Professor Trevor Harris (Columbia Business School, New York). Professor Harris wollte pragmatisch untersuchen, inwiefern ein Konzernabschluss nach IAS von einer nach US-GAAP erstellten Konzernrechnung abweichen würde. Die Studie hatte den Titel «International Accounting Standards vs. US-GAAP Reporting».

In dieser Studie analysierte Professor Harris im Detail acht multinational tätige, nichtamerikanische Konzerne. Aufgrund dieser Analyse kam die Studie zum Schluss, dass Konzerne, die IAS anwenden, ein Bild ihrer Finanz- und Ertragslage zeigen, das **im Wesentlichen** mit US-GAAP konsistent ist.

– In der Analyse kamen wenige wesentliche Differenzen durch unterschiedliche **Bewertungs**kriterien vor. Die Differenz hing meistens damit zusammen, dass ein Standard der IAS im Sinne von US-GAAP revidiert worden war, aber keine rückwirkende Anpassung verlangte. Am deutlichsten zeigt sich dies in der unterschiedlichen Behandlung des Goodwills.
– Grössere Differenzen wurden bei der **Offenlegung** festgestellt, wo die US-GAAP anspruchsvoller sind. Hier wurde jedoch auch darauf hingewiesen, dass die neuen resp. revidierten IAS in Bezug auf Offenlegung diesen Ansprüchen durchaus gerecht geworden sind.

Wichtigste Unterschiede der Bewertungskriterien zwischen IAS und US-GAAP

Die aktuellen IAS-Entwicklungen tendieren dahin, die Differenzen zwischen IAS und US-GAAP, die grösstenteils aus den «Financial Accounting Standards» (FAS) des FASB bestehen, zu reduzieren. Es ist zu erwarten, dass mehrere der folgenden Unterschiede, die Ende 1996 bestanden, bis 1998 verschwinden werden.

Unternehmungszusammenschlüsse

■ IAS 22, Unternehmungszusammenschlüsse, unterscheidet zwischen Übernahmen und Fusionen und schreibt für jede ein unterschiedliches Vorgehen vor. Dabei ist die Möglichkeit stark eingeschränkt, einen Unternehmungszusammenschluss als Fusion zu betrachten und dementsprechend die «uniting of interests»- (oder «pooling»-) Methode anwenden zu dürfen. Die heutige US-GAAP-Regelung ist immer noch weniger restriktiv, da sie sich mehr auf die formelle Kontrolle der neuen Unternehmung stützt. Der FASB arbeitet aber bereits daran, eine Anpassung der US-GAAP in Richtung IAS 22 durchzuführen.

■ US-GAAP verlangen die Aktivierung und systematische Abschreibung von erworbenem Goodwill. Bei der Revision von IAS 22 auf den 1. 1. 1995 wurde die bisher zugelassene Verrechnung von neu erworbenem Goodwill mit dem Eigenkapital verboten, aber keine rückwirkende Aktivierung allfälliger Goodwill-Beträge aus den Vorjahren zwingend gefordert (nur empfohlen). Der dadurch fehlende Goodwill aus den Vorjahren sowie der entsprechende Abschreibungsaufwand werden für viele Konzerne während mehrerer Jahre den betragsmässig grössten Unterschied zwischen IAS- und US-GAAP-Abschluss bilden.

■ US-GAAP begrenzen die Abschreibungsdauer von Goodwill auf 40 Jahre, im Gegensatz zu der oberen Grenze von 20 Jahren im IAS 22.

Gemeinschaftsunternehmen

IAS 31, Gemeinschaftsunternehmen, lässt für die Behandlung von gemeinsam beherrschten Gesellschaften zwei Alternativen zu, nämlich die Quotenkonsolidierung und die Equity-Methode. US-GAAP akzeptieren nur die Equity-Methode.

Wandelanleihen

IAS 32, Finanzinstrumente: Offenlegung und Darstellung, schreibt vor, dass Wandelanleihen in der Bilanz in ihre Fremd- und Eigenkapitalbestandteile zerlegt werden müssen.

(Der Eigenkapitalbestandteil bezieht sich auf die Wandeloption). Gemäss US-GAAP findet keine Trennung statt, sondern solche Wandelanleihen werden vollständig zum Fremdkapital gezählt.

Sachanlagen

■ Die Möglichkeit der Bewertung von Sachanlagen zu Tageswerten, die IAS 16, Sachanlagen, einräumt, besteht in den US-GAAP nicht. In den USA ist nur die Bewertung zu Anschaffungswerten erlaubt.

■ Generell verlangen US-GAAP die Aktivierung und systematische Abschreibung von Zinsen auf Fremdkapitalien, die den Bau von Sachanlagen über längere Zeit finanzieren. IAS 23, Fremdkapitalzinsen, lässt auch die sofortige erfolgswirksame Abbuchung solcher Zinsen zu.

Forschungs- und Entwicklungskosten

IAS 9, Forschungs- und Entwicklungskosten, schreibt die Aktivierung von Entwicklungskosten unter gewissen Umständen vor. Eine solche Aktivierung lassen US-GAAP nur im Rahmen von Computer-Software zu.

Pensionsverpflichtungen

IAS 19, Pensionsverpflichtungen, lässt mehrere Bewertungsmethoden zu, der amerikanische FAS 87 hingegen nur eine.

Finanzanlagen

Der heute noch gültige IAS 25, Finanzanlagen, erlaubt mehrere Möglichkeiten zur Bewertung von Finanzanlagen. Der amerikanische Standard FAS 115 sieht hingegen eine einheitliche Vorgehensweise vor:

– Handelsbestände werden zum Marktwert bilanziert (Anpassung erfolgs**wirksam**).
– Obligationen, die bis zum Verfall gehalten werden, werden zum Anschaffungswert in der Bilanz aufgeführt (ggf. Disagio systematisch amortisieren).
– Andere Wertschriften, die verkauft werden könnten («available for sale»), sind zum Marktwert zu bilanzieren (Anpassung erfolgs**neutral**).

3. Zukunftsperspektiven der IAS

«IASC Accelerated Work Programme» (beschleunigter Arbeitsplan)

Zufolge seines Abkommens mit der IOSCO – «International Organisation of Securities Commissions» (Internationale Organisation von Börsenaufsichtsbehörden) – vom Juli 1995 hat sich das IASC das ehrgeizige Ziel gesetzt, bis 1998 die IAS in gewissen Bereichen zu vervollständigen. Zusammen mit den bestehenden IAS werden die neuen resp. revidierten Standards, die aus dieser Arbeit entstehen, zu einem Minimum an «core standards» (Kern-Standards) zusammengefügt, das die IOSCO dann ihren Mitgliedern als akzeptable Basis für die Rechnungslegung empfehlen könnte. Die bis 1998 zu erwartenden Vervollständigungen sind in der unten stehenden Zusammenfassung des «IASC Accelerated Work Programm» (beschleunigter Arbeitsplan) aufgeführt. Dabei ist zu beachten, dass es sich hier um Prognosen des endgültigen Inhalts der neuen Standards handelt, von denen die definitiven Standards u. U. stark abweichen könnten.

Zusammenfassung des IASC Accelerated Work Programm

Stand 30. 6.1997

Thema	Definitiver IAS bis*
Offenlegungsstandards	
Segmentinformationen	Juli 1997
Darstellung von Jahresrechnungen	Juli 1997
Zwischenberichterstattung	Januar 1998
Aufzugebende Tätigkeiten	April 1998
Finanzinstrumente	April 1998
Anlagevermögen	
Immaterielle Güter, Forschung und Entwicklung und Goodwill	April 1998
Wertverminderungen (Revision)	Januar 1998
Leasing (Revision)	Oktober 1997
Verpflichtungen	
Sozialleistungen	Oktober 1997
Rückstellungen und Eventualverpflichtungen	April 1998

* Verabschiedung durch den IASC-Board in diesem Monat vorgesehen.

Offenlegungsstandards

Die folgenden vier Themen sollten zwischen Juli 1997 und April 1998 durch Standards abgedeckt werden.

- **Segmentinformationen («segment reporting»)**
Die im aktuellen IAS 14 verlangten Offenlegungen über Finanz- und Ertragslage der einzelnen Segmente eines Unternehmens werden stark ausgebaut. Allerdings wird jetzt zwischen einer primären und einer sekundären Segmentierung unterschieden: Je nach den tatsächlichen Verhältnissen des Unternehmens und dessen Führungsstruktur wird entweder die Segmentierung nach Branche oder die Segmentierung nach geografischer Region als primär identifiziert. Die Anforderungen über Angaben bezüglich der anderen, sekundären Segmentierung sind etwas gemässigt (z. B. wird der Ausweis der Betriebserfolge der Segmente nicht mehr verlangt).

- **Darstellung von Jahresrechnungen («presentation of financial statements»)**
Bezüglich der Jahresrechnungen sollen verschiedene bestehende Offenlegungsstandards zusammengefasst und die Anforderungen an die Offenlegung erhöht werden. Formell wird festgelegt, was in den Rechnungen selber und was im Anhang offen zu legen ist. Die 4. und 7. EU-Richtlinien dienen hier formell klar als Muster.

- **Zwischenberichterstattung («interim financial reporting»)**
Der Zwischenberichterstattung geht ein Grundsatzentscheid voraus. Sollte z. B. die Halbjahresrechnung die Finanz- und Ertragslage des Unternehmens des ersten Semesters so darstellen, als ob dieses Semester eine freistehende, unabhängige Geschäftsperiode wäre – ein «Mini-Geschäftsjahr» –, oder ist sie nur als Hinweis auf die zu erwartenden Ergebnisse des ganzen Geschäftsjahres aufzufassen? Im ersten Fall müsste man beispielsweise die Kosten einer im Frühling durchgeführten, jedoch dem ganzen Jahr dienenden Anlagenrevision voll dem ersten Halbjahr belasten; im zweiten könnte man im ersten Halbjahr die Hälfte, im zweiten den Rest dieser Kosten dem Ergebnis belasten. Zurzeit scheint sich der Begriff «Mini-Geschäftsjahr» als Basis des Standardentwurfes durchzusetzen.

- **Aufzugebende Tätigkeiten («discontinuing operations»)**
Der Einfluss des Verkaufs resp. der Aufgabe wesentlicher Geschäftstätigkeiten auf die Finanz- und Ertragslage des Unternehmens muss zukünftig in der Jahresrechnung detailliert separat ausgeschieden werden.

Finanzinstrumente

Der Titel dieses Projektes ist möglicherweise irreführend. Hier geht es nicht nur um die Behandlung von Derivaten oder von Wertschriftenbeständen, sondern effektiv um alle monetären Positionen der Bilanz (sowie ausserhalb der Bilanz), inklusive Debitoren, Kreditoren und Aktiv- und Passivdarlehen. Im Frühjahr 1997 ist ein Diskussionspapier erschienen, das die folgende Stossrichtung vorsieht:

– Alle Finanzinstrumente sollen in der Bilanz zum Verkehrswert bewertet werden.
– Wertanpassungen, einschliesslich nicht realisierter Gewinne auf Finanzinstrumenten, sollen praktisch ausnahmslos erfolgswirksam verbucht werden.

Die Einführung einer solchen Behandlung der monetären Positionen würde einen revolutionären Schritt gegenüber den angestammten Auffassungen über die Bilanz darstellen. Die Vorsichts- und Niederstwertprinzipien würden damit noch weiter zurückgestuft. Einige erste Reaktionen auf das Diskussionspapier waren schon relativ kritisch. Auf den weiteren Ablauf des Projektes darf man gespannt warten.

Anlagevermögen

Abgesehen von kleineren Anpassungen von IAS 17, Leasingverträge, zeichnen sich hauptsächlich zwei Entwicklungen ab.

■ Immaterielle Güter

In einem neuen Standard betreffend immaterielle Güter werden auch die Forschungs- und Entwicklungskosten berücksichtigt werden. Damit wird der bestehende IAS 9, Forschungs- und Entwicklungskosten, abgelöst. Im Zuge dieser Harmonisierung soll auch IAS 22, Unternehmungszusammenschlüsse, bezüglich Goodwill revidiert werden, damit die Behandlung aller Arten von immateriellen Gütern gleich ist.

– Der neue IAS über immaterielle Güter wird festlegen, unter welchen Umständen Kosten als immaterielle Güter zu aktivieren sind. Bei Eigenleistungen wird dies selten vorkommen, ausgenommen im Falle von intern entwickelter Software und u. U. Entwicklungskosten. Immaterielle Güter sollen über ihre Nutzungsdauer abgeschrieben werden, die normalerweise 20 Jahre nicht übersteigen darf. Falls eine längere Nutzungsdauer zu verantworten ist, darf diese angenommen werden, dafür soll das Gut aber jährlich auf Werterhaltung (Buchwert im Vergleich zum Wert der erwarteten Geldflüsse) geprüft werden, und allfällige notwendige Wertanpassungen sollen erfolgswirksam verbucht werden. Diesbezüglich besteht ein enger Zusammenhang mit dem unten erwähnten Wertverminderungs-Projekt.
– Der bestehende IAS 22, Unternehmungszusammenschlüsse, soll diesem neuen Standard über andere immaterielle Güter, was sinngemäss den Goodwill betrifft, angepasst werden. Konkret heisst das, die Nutzungsdauer für Goodwill soll nicht mehr unbedingt auf 20 Jahre eingeschränkt werden, wobei die Wahl einer längeren Abschreibungsperiode zwangsläufig zu einer Prüfung der Werterhaltung und zu einer allfälligen Neubewertung zu führen hat.

■ Wertverminderung

Ein umfassender IAS zum Thema Wertverminderung soll erarbeitet werden, der auch die vorher erwähnten Standards beeinflussen wird. Die Umstände, unter denen eine Wertverminderung beim Anlagevermögen festzustellen und im Abschluss zu berücksichtigen ist, sollen darin festgelegt werden.

Verpflichtungen

IAS 19, Pensionsverpflichtungen, soll auch die Verpflichtungen des Unternehmens gegenüber seinen Mitarbeitern für andere Sozialleistungen («employee benefits») abdecken, z. B. bezahlte Krankenversicherungskosten oder Abfindungssummen. Zudem sollen die Wahlmöglichkeiten des bestehenden Standards eingeschränkt werden: Rückstellungen für Verpflichtungen von Pensionskassen mit Leistungsprimat sollen gemäss der «accrued benefit valuation»-Methode – und zwar spezifisch nach der in den USA üblichen «projected unit credit»-Methode – berechnet werden. Die gegenwärtig zugelassene «projected benefit valuation»-Methode wird nicht mehr gültig sein.

Was Rückstellungen im Allgemeinen anbelangt, soll ein neuer Standard deren Bildung und Auflösung genauer regeln. Insbesondere sollen Rückstellungen erst dann gebildet werden, wenn die Begleichung der Verpflichtung realistisch nicht zu vermeiden ist. Eine solche Regelung wird z. B. die Bildung von Rückstellungen für Umstrukturierungskosten auf Fälle beschränken, in denen das Management die Umstrukturierung unausweichlich vorzunehmen hat.

Leistungsausweis

In seiner Sitzung vom April 1997 fasste der IASC-Board den Grundsatzentscheid, die Ermittlung und Darstellung der wirtschaftlichen Leistung des Unternehmens in der traditionellen Form der Erfolgsrechnung unter die Lupe zu nehmen. Aus verschiedenen Kreisen kommt der Druck, den Begriff dieser Leistungen («Erfolg») so auszudehnen, dass er weitere Posten umfassen würde, die gegenwärtig direkt ins Eigenkapital hineinfliessen (z. B. Aufwertung von Sachanlagen). Der erweiterte Begriff – manchmal als «Gesamterfolg» («comprehensive income») bezeichnet – könnte in zwei verknüpften Rechnungen ausgewiesen werden: der «traditionellen» Erfolgsrechnung und deren Erweiterung, die weitere Elemente des Gesamterfolges enthalten würde. Ein solcher Schritt könnte eine Revolution für die gewohnte Vorstellung der Erfolgsrechnung als Leistungsausweis bedeuten.

Ausblick

Der Endspurt wird spannend, das Ziel des Jahres 1998 ambitiös – aber gemäss IASC-Secretary-General Sir Bryan Carsberg durchaus erreichbar. Auf jeden Fall werden alle weiteren Entwicklungen bis zu diesem Ziel höchstwahrscheinlich die folgenden Tendenzen bestätigen:

- Zunehmende **Komplexität** der neuen IAS;
- **Weniger Freiheit** für die Ersteller bei der Wahl der Rechnungslegungs- und Offenlegungsgrundsätze. Hat ein Konzern einmal IAS adoptiert, so fällt es ihm natürlich schwer, gegenüber den Investoren einen Umstieg auf ein weniger anspruchsvolles Regelwerk wegen solcher Einengungen zu rechtfertigen;
- **Degradierung des Vorsichtsprinzips** zugunsten der Prinzipien der periodengerechten Abgrenzung («accruals principle»/«matching»), der Stetigkeit sowie des «true and fair view» (ein den tatsächlichen Verhältnissen entsprechendes Bild);
- **Degradierung der Erfolgsrechnung als Leistungsausweis.** Damit wird die Erfolgsrechnung je länger, je mehr zu einem Sammelbecken für Wertanpassungen, die ihren Ursprung in der Bilanz haben, für die Leistungsmessung («performance») im üblichen Sinne jedoch kaum relevant oder aussagefähig sind;
- Zwang zur **Offenlegung von immer mehr** und detaillierteren Angaben über die Finanz- und Ertragslage.

Interessant wird unter anderem die Frage, inwiefern sich die Kern-Standards, die bis 1998 bereitstehen sollen, überhaupt von den amerikanischen US-GAAP unterscheiden werden. Durch den starken – einige würden sogar behaupten, überheblichen – Einfluss der USA auf das IAS-Entwicklungsverfahren reduzieren sich die noch bestehenden Unterschiede ständig. Wenigstens haben auch nichtamerikanische Länder durch die IASC-Gremien die Möglichkeit, die derzeit laufenden Entwicklungen und Arbeiten an den Standards zu beeinflussen, was natürlich bei US-GAAP unmöglich ist. Ein weiteres interessantes Projekt ist die Bildung eines IASC-Gremiums, das die **Interpretation** der IAS vornehmen soll. Es hat zum Zweck, die einheitliche Ausführung der IAS zu fördern. Allerdings müssen die Interpretationen dieses Gremiums vom IASC-Board abgesegnet werden. Auffallend ist die starke Vertretung der Revisionsgesellschaften im Gremium. Damit zeichnet sich bereits jetzt ein Interessenkonflikt zwischen diesem Gremium und den Erstellern ab. Viele europäische Konzerne sind gespannt, ob die SEC («Securities and Exchange Commission» = US-Börsenaufsichtsbehörde) tatsächlich die zu erwartende Empfehlung der IOSCO annimmt und Konzernrechnungen von ausländischen Gesellschaften gemäss IAS akzeptiert. Angesichts der Macht der amerikanischen Interessengruppen («lobbies»), die kaum begeistert sein werden, wenn ausländische Konkurrenten weniger strenge Bedingungen an der Börse einhalten müssten als amerikanische Konzerne selber, darf man nicht allzu optimistisch sein. Eine Akzeptanz von IAS-Abschlüssen seitens der SEC wäre wahrscheinlich nur mit gewichtigen Auflagen, besonders hinsichtlich zusätzlichen Offenlegungen, verbunden. Wir sind gespannt!

Anhang

Liste der definitiven Internationalen Accounting Standards (IAS) (Stand 30. 6. 1997)

IAS 1   Offenlegung der Rechnungslegungsgrundsätze
IAS 2   Warenlager
IAS 4   Abschreibungen
IAS 5   Zusatzinformationen
IAS 7   Geldflussrechnung
IAS 8   Periodenerfolg, Grundsatzfehler, Wechsel der Bewertungsmethoden
IAS 9   Forschungs- und Entwicklungskosten
IAS 10   Eventualverpflichtungen und Ereignisse nach Bilanzstichtag
IAS 11   Langfristige Fertigungsaufträge
IAS 12   Ertragssteuern
IAS 13   Darstellung von kurzfristigen Aktiven und Passiven
IAS 14   Darstellung von Segmentinformationen
IAS 15   Inflationsinformationen*
IAS 16   Sachanlagen
IAS 17   Leasingverträge
IAS 18   Erfassung von Erträgen
IAS 19   Pensionsverpflichtungen
IAS 20   Staatliche Subventionen und Unterstützung
IAS 21   Fremdwährungsumrechnung
IAS 22   Unternehmungszusammenschlüsse
IAS 23   Fremdkapitalzinsen
IAS 24   Nahe stehende Personen und Gesellschaften
IAS 25   Finanzanlagen
IAS 26   Rechnungslegung von Personalvorsorgeeinrichtungen
IAS 27   Konzernrechnung und Beteiligungen an Tochtergesellschaften
IAS 28   Beteiligungsgesellschaften
IAS 29   Rechnungslegung in Hochinflationsländern
IAS 30   Rechnungslegung von Banken und ähnlichen Finanzinstituten
IAS 31   Rechnungslegung von Beteiligungen an Gemeinschaftsunternehmen
IAS 32   Finanzinstrumente: Offenlegung und Darstellung
IAS 33   Gewinn pro Aktie (erst ab 1.1.1998 in Kraft)

* IAS 15 wurde 1989 vom IASC-Board in eine *Empfehlung* umgewandelt. Er ist daher nicht mehr zwingend.

Literaturverzeichnis

Zusätzlich zu den auf Englisch geschriebenen IASC-Publikationen (vgl. Seite 12) möchten wir den Leser und die Leserin auch auf die folgenden Bücher und Broschüren (mit * markiert) aufmerksam machen, wobei die Liste durchaus nicht abschliessend ist:

Auf Deutsch

Bertschinger, P./Hallauer, Ph./Moser, H. International Accounting Standards in der schweizerischen Praxis (KPMG Fides Zürich 1995)*

Bertschinger, P./Zenhäusern, M. Konzernabschlüsse verstehen (Verlag SKV, Zürich 1996)

Förschle, Kroner, Mandler Internationale Rechnungslegung: US-GAAP, HGB und IAS (Economica Verlag, Bonn/C & L Deutsche Revision 1996)*

Revisuisse Price Waterhouse International Accounting Standards – Musterbeispiel einer konsolidierten Jahresrechnung (Zürich 1996)*

International Accounting Standards (IAS) (Schäffer-Poeschel Verlag, Stuttgart 1997)

STG-Coopers & Lybrand Checkliste zu den International Accounting Standards (IAS) (Basel 1996)*

Zenhäusern, M., und Bertschinger, P. Konzernrechnungslegung (Verlag SKV, Zürich 1995)

Auf Englisch

Cairns, D. (vormaliger Generalsekretär des IASC) A Guide to Applying International Accounting Standards (Accountancy Books, Milton Keynes UK 1995)

Coopers & Lybrand Understanding IAS – Analysis and Interpretation (Coopers & Lybrand UK 1996)

Financial Accounting Standards Board The IASC-U. S. Comparison Project (FASB, Norwalk US 1996)

Harris, T. S. International Accounting Standards versus US-GAAP Reporting (South-Western College Publishing, Cincinnati US/Coopers & Lybrand LLP 1995)

Price Waterhouse An Introduction to International Accounting Standards (Price Waterhouse, London 1994)*

Price Waterhouse International Accounting Standards – Disclosure Checklist (Price Waterhouse, London 1995)*

Price Waterhouse International Accounting Standards – Illustrative Financial Statements (Price Waterhouse, London 1995)*

STG-Coopers & Lybrand International Accounting Standards (IAS) Compliance Checklist (STG-Coopers & Lybrand, Basel 1996)*

Stichwortverzeichnis

Abschreibungen   30ff., 36, 82, 107, 111

Accrued benefit valuation method 53, 112

Aktivierung Fremdkapitalzinsen   31

Aktivum   26

Allowed alternative   11

Anlagevermögen   30ff., 36ff., 45f., 111f.

Anschaffungskosten   30ff., 38

Arten von Vorsorgeplänen   51f.

Assoziierte Unternehmen   69ff., 91

Aufwand   27

Aufzugebende Tätigkeiten   56, 110

Ausgesonderte Vorsorgepläne   52

Ausserordentliche Erfolge   55

Badwill   83

Banken   101

Beitragsprimat   51f.

Benchmark   11

Betrieblicher Tätigkeit (Geldfluss aus)   88

Bevorzugte Methode   11

Cash Flow Statement   87ff.

Comparability and improvements project   22

Comprehensive income   112

Comprehensive liability method   49f.

Control   65ff.

Cumulative translation adjustments   62

Darstellung von Jahresrechnungen   110

Defined benefit plan   52

Defined contribution plan   51f.

Discontinued operations   56, 110

Eigenkapital   27

Eingestellte Betriebstätigkeiten   56, 110

Equity-Methode   69ff., 76

Ereignisse nach dem Bilanzstichtag   59

Erfassung von Erträgen   59

Erlaubte alternative Methode   11

Ertrag   27

Ertragssteuern   47ff.

Eventualverbindlichkeiten   58

Extraordinary items   55

FER   23, 105

FIFO   39

Finance lease   34f.

Finanzanlagen   43ff., 108

Finanzanlagen kurzfristig   43f.

Finanzanlagen langfristig   45f.

Finanzierungsleasing   34f.

Finanzierungstätigkeit (Geldfluss aus)   89

Finanzinstitutionen   101

Finanzinstrumente   46, 102f., 107f., 110f.

Forschungs- und Entwicklungskosten 36f., 108

Fortführung   25

Framework   25

Fremdkapitalzinsen   31

Fremdwährungsumrechnung   60f., 89f.

Fremdwährungsumrechnung in Hochinflationsländern   64

Fusionen   84ff., 107

Geldflussrechnung   87ff.

Gemeinsam beherrschte Aktiven   77f.

Gemeinsam beherrschte Geschäftstätigkeiten   77

Gemeinsam beherrschte Gesellschaften   74ff.

Gemeinschaftsunternehmen   74ff., 91, 107

Gesamterfolg   112

Gewogene Durchschnittskosten   39

Going concern   98

Goodwill   66f., 70, 81ff., 111
Grundsatzfehler   57

Harris-Studie   106
Hedging   61
Herstellkosten   30ff., 38

IASC   10, 109, 112, 113
IASC-Board   22
Immaterielle Güter   36f., 111
Impairment   32, 112
Inflation accounting   64
Interim financial reporting   110
Int. Accounting Standards
    Commitee   10, 109, 112, 113
Int. Organisation of Sercurities
    Commissions   23, 109, 113
Int. Organisation von Börsen-
    aufsichtsbehörden   23, 109, 113
Investitionstätigkeit (Geldfluss aus)   88
IOSCO   23, 109, 113

Joint ventures   74ff., 91, 107

Konsolidierungskreis   65f.
Konsolidierungsmethode   66
Kontrolle   65ff.
Konzeptueller Rahmen   25
Konzernrechnung   65ff.
Kostenrechnungsmethoden   39
Kotierungsreglement   23
Kurzfristige Aktiven und Passiven   99

Langfristige Fertigungsaufträge   41f.
Latente Ertragssteuern   47ff.
Leasing   34f.
Leistungsausweis   112
Leistungsprimat   52
LIFO   39

Matching   27
Materiality   26, 98
Minderheitsanteile   66f., 83f.

Nachträgliche Anpassung
    des Purchase Accounting   83
Nahestehende Personen
    und Gesellschaften   100f.
Negativer Goodwill   83
Netto realisierbarer Wert   40
Neubewertung der Bilanz   80ff.
Nicht ausgesonderte Vorsorgepläne   52

Offenlegung der Rechnungs-
    legungsvorschriften   97f.
Offenlegungsvorschriften   29, 110
Operating lease   34
Operatives Leasing   34

Pensionsverpflichtungen   51ff., 108,
    112
Percentage of completion method   41f.
Periodenabgrenzung   25
Presentation of financial statements   110
Projected benefit valuation method
    53, 112
Projected unit credit method   53, 112
Prudence   98
Purchase Accounting   66, 80ff.

Quotenkonsolidierung   74ff.

Related Parties   100f.
Rückstellungen   81, 112
Restriktionen (langfristig)   66

Sachanlagen   30ff., 108
SEC   23, 113
Securities and Exchange
    Commission   23, 113
Segmentinformationen   99f., 110
Steueraktiven (latent)   50
Substance over form   26

The IASC – U.S. Comparison
    Project   106
True and fair view   26

Übernahmen   79 ff., 107
Umrechnung von Jahres-
    rechnungen in Fremdwährung   62 ff.
Umrechnungsdifferenzen   62 ff.
Uniting of interests method   84 ff., 107
US-GAAP   11, 107 f.

Verbindlichkeit   27
Verbindlichkeitsmethode   49 f.
Vergleich zu amerikanischen Standards
    106 ff.
Vergleichbarkeit- und
    Verbesserungsprojekt   22
Verkehrswert bei Sachanlagen   33
Verpflichtungen   112

Versicherungsmath.
    Berechnungsmethoden   53
Vorsichtsprinzip   26, 98

Warenlager   38 ff.
Wechsel der Bewertungsmethode   57 f.
Wechselkursabsicherungsgeschäfte   61
Werthaltigkeit des Goodwills   82, 111
Wertverminderung   32, 112
Wesentlichkeit   26, 98
Wesentlichkeitsklausel   11
Wirtschaftliche Betrachtungsweise   26

Zukunftsperspektiven   109 ff.
Zusatzinformationen   98 f.
Zwischenberichterstattung   110